Kunstwerk Biografie

Pietro Archiati

KUNSTWERK BIOGRAFIE

Eine Entdeckungsreise durch
den Lebenslauf des Menschen

Rudolf Steiner
Ausgaben

5. Auflage 2014

Herausgeber: Rudolf Steiner Ausgaben
(Monika Grimm, Bad Liebenzell)
Druck: GGP Media GmbH, Pößneck

ISBN: 978-3-86772-613-9
(ISBN 1.-4. Aufl.: 978-3-937078-07-6)

Rudolf Steiner Ausgaben e. K.
Burghaldenweg 37 · D-75378 Bad Liebenzell
Telefon: (07052) 935284 · Telefax: (07052) 934809
anfrage@rudolfsteinerausgaben.com
www.rudolfsteinerausgaben.com

Inhaltsverzeichnis

Vorwort

Beim Schreiben dieses Buchs habe ich mich gefragt, ob es möglich ist, allgemein gültige Aussagen über die menschliche Biografie zu machen, wenn doch der Lebenslauf eines Menschen ganz anders aussieht als der von jedem anderen. Man kann den einmaligen Lebenslauf eines Menschen beschreiben und dabei die allgemeinen biografischen Gesetze im Hintergrund lassen; oder man kann die Rhythmen und Knotenpunkte hervorheben, die alle Menschenleben gemeinsam haben. In den folgenden Seiten wird versucht zu schildern, wie jeder Lebenslauf gerade durch den ganz einmaligen Umgang mit der allen Menschen gemeinsamen Naturgrundlage einmalig wird.

Die hier dargestellten Gedanken verdanken ihren Ursprung vor allem meiner Lektüre der Werke und Vorträge Rudolf Steiners. Dabei geht es mir jedoch überhaupt nicht darum, Aussagen zu «referieren» und als wahr hinzustellen, *weil* sie von Rudolf Steiner stammen. Es trifft sich lediglich, dass gerade bei ihm, meiner Erfahrung nach, eine Überfülle von neuen, anregenden Gedanken zu finden ist, die dem eigenen Erkenntnisringen die schönsten Erlebnisse bereiten kann. Ich sage immer gerne: «Wenn jemand mir etwas zeigt, was mich noch mehr überzeugt, was ich noch anregender als Steiner finde, würde ich diesem sofort meine Kräfte widmen.»

Ich würde mich deshalb außerordentlich glücklich schätzen, wenn möglichst viele Leser aufhören würden, Bücher von mir zu lesen, um sich stattdessen mit den Werken und den Nachschriften der zahlreichen Vorträge Rudolf Steiners auseinanderzusetzen. Die folgenden Seiten nehmen sich wirklich sehr bescheiden aus, wenn sie damit verglichen werden. Es sind nur einige Anregungen, die vor allem den Lesern behilflich sein möchten, die Rudolf Steiner auf Anhieb zu schwierig finden. Solche Leser gibt es heute sehr viele. Auch war ich bestrebt, nicht zu viel vorauszusetzen, um möglichst jedem die hier geäußerten Gedanken zugänglich zu machen. Kurz, es ging mir darum, beim Leser den Appetit anzuregen, sodass er auf seine Art und Weise weiterforschen kann.

Wenn das, was in diesem Buch steht, wahr ist – und ich habe daran nicht den geringsten Zweifel –, kann man sich nur wundern, wie wenig wir heute gerade über die Dinge wissen, die uns am unmittelbarsten betreffen, nämlich über die Gesetze, die jedem Lebenslauf den nötigen Rahmen geben. Ich wünsche möglichst vielen Lesern ein immer tieferes Verständnis für die Geheimnisse der menschlichen Biografie und immer mehr Freude am Sinn des eigenen Lebensweges.

I.
SICHTBARES UND UNSICHTBARES: DIE ZWEI STUFEN DES LEBENS

Viele Menschen fragen sich, worin der Sinn ihres Lebens liegt. Der Sinn, sich auf eine Prüfung vorzubereiten, liegt offenbar darin, sie zu bestehen, und der Sinn eines Tellers Spaghetti darin, den Hunger zu stillen. Worin liegt aber der Sinn, dass ich lebe? Was würde fehlen, sogar Unersetzbares, wenn ich nicht leben würde? In der heutigen Welt meinen viele, dass es einen solchen Sinn im Leben nicht gibt. Andere sagen, der Sinn ist «Gutes zu tun», «an Gott zu glauben» oder «Spaß zu haben». Aber diese Aussagen sind zu allgemein für jemanden, der den besonderen, einmaligen Sinn seines eigenen Lebens sucht.

Diesem Buch liegt folgende Überzeugung zugrunde:

> Für jeden einzelnen Menschen gibt es
> einen eigenen, eindeutigen und erlebbaren
> Sinn des Lebens.

Dieser Sinn lässt sich durch eine eingehende Betrachtung des individuellen Lebenslaufes erschließen. Um diese Behauptung zu untermauern, werde ich grundlegende, für alle Biografien geltende Züge untersuchen. Der Nachweis, dass manche Aussagen tatsächlich der Wirklichkeit entsprechen, ist allerdings alles andere als leicht zu führen.

Kann man stichhaltig beweisen, dass ein Teller Spaghetti einen satt macht? Ganz sicher ist man sich erst, wenn man sie isst. Ähnliches gilt für Aussagen über die Biografie, zum

Beispiel, dass jedem Leben ein Rhythmus von siebenjährigen Zyklen zugrunde liegt, dass alle sieben Jahre ein durchgreifender Umschwung erfolgt. Die Meinung allein, dass diese Aussage richtig sein kann, wird einen so wenig befriedigen wie die alleinige Vorstellung der Spaghetti. So wie ich den Teller Spaghetti essen muss, um die Erfahrung zu machen, dass ich nicht mehr hungrig bin, so muss ich die Aussage über die siebenjährigen Zyklen auf meine Art «essen und verdauen», um ihre reale Wirkung auf mich zu erleben. Essen und verdauen heißt in diesem Fall, mein eigenes Leben anhand dieser Aussage zu erforschen und zu prüfen, um zu sehen, ob der «Erkenntnishunger» nach einem tieferen Sinn des Lebens gestillt wird. Entscheidend ist das Erlebnis, für sich sagen zu können: «Ja, das überzeugt mich. Das gibt mir einen inneren Halt in Bezug auf mein eigenes Leben.»

Das Leben – ein organisches Ganzes

Der Lebensweg jedes Menschen ist ein bestaunenswertes Kunstwerk, und das in zweifacher Hinsicht: Zum einen ist es ein Kunstwerk der Natur, zum anderen ein Kunstwerk, das wir selbst in Freiheit aus dem erschaffen, was die Natur uns zur Verfügung stellt. Beide Künstler, Mensch und Natur, stehen einander in nichts nach. Die menschliche Biografie ist ein Flechtwerk aus Sichtbarem und Unsichtbarem, aus Entdeckungen, Begegnungen, Ereignissen und Taten, die sich auf den verschiedenen Ebenen unseres Daseins abspielen:

- auf der Ebene der äußerlich sichtbaren Körperwelt;
- auf der Ebene der inneren Erfahrungen und Erlebnisse;
- auf der Ebene dessen, was unser Geist durch seine Taten der Welt an Neuem hinzufügt.

Das Lebensgeflecht, das Erlebnisnetz, das im Wechselspiel dieser Ebenen entsteht, ist alles andere als zufällig. Das kann es nicht sein – so wenig, wie Goethes *Faust* durch Zufall entstanden sein kann. Es bedurfte Goethes Genie, um dieses Werk zu erschaffen. Und es bedarf eines nicht weniger genialen Künstlers, um ein so schönes und komplexes Werk wie das Leben eines Menschen hervorzubringen. Dieser Künstler lebt im Inneren jedes Menschen. Es ist unser eigener Geist, der unser Leben in allen Einzelheiten plant und seine Gedanken und Ziele Tag für Tag in die Tat umsetzt.

Wenn man dem Geheimnis des Lebens auf die Spur kommen will, wenn man nach den Schlüsseln zum Verständnis des Lebenssinnes sucht, stößt man auf einige grundlegende Wahrheiten, die einen nur dann überzeugen können, wenn man sie im eigenen Leben nachprüfen kann. Eine erste von ihnen lautet:

Das Leben ist ein lebendiger Organismus.

Das Leben ist nicht nur eine Summe willkürlich aneinander gereihter Ereignisse. Selbst eine Maschine funktioniert nur dann, wenn jeder ihrer Bestandteile sich am richtigen Platz befindet. Dieses Prinzip gilt in noch viel höherem Maße für einen lebendigen Organismus: Ein Lebewesen ist krank, wenn auch nur eines seiner Glieder erkrankt. Jemandem, der

Migräne hat, zu sagen: Schau, alles außer deinem Kopf ist bei dir in Ordnung, kann für ihn kein Trost sein. So auch im Leben: Jede Erfahrung, jede Begegnung, jeder Lebensabschnitt wirkt sich organisch auf das Leben als Ganzes aus.

Als Organismus lässt sich der Lebenslauf eines Menschen nur begreifen, wenn man jeden einzelnen Lebensabschnitt vor dem Hintergrund des Ganzen betrachtet. Solange es nicht gelingt, alle Einzelheiten des Lebens in einem harmonischen Zusammenhang zu sehen, kann man weder das Leben als Ganzheit erfassen, noch auch nur in einem einzigen Ereignis einen wirklichen Sinn finden.

In einem Organismus hat jedes Organ eine bestimmte Funktion für das Ganze. Unsere Leber oder unsere Arme haben, für sich betrachtet, keinerlei Sinn. Sie sind alleine nicht einmal lebensfähig. Im übertragenen Sinn bedeutet dies, dass wir die Bedeutung bestimmter Ereignisse des Lebens nur dann verstehen können, wenn wir ihre Funktion im Leben als organische Einheit erkennen.

Beide Sichtweisen miteinander in Einklang zu bringen – das Ganze im Kleinsten und das Kleinste im Ganzen zu sehen – ist natürlich nicht einfach, weil unser Verstand gerade in einer Zeit wie unserer, die durch Bequemlichkeit und Materialismus geprägt ist, oft zu schnell aufgibt, anstatt sich der Mühe wirklicher Denk- und Erkenntnisarbeit zu unterziehen. Aber diese Mühe lohnt sich – diese Erkenntnisarbeit hilft nicht nur, in der Betrachtung der für alle geltenden Lebensgesetze eine Orientierung zu finden, sondern auch das zu begreifen, was jeden Einzelnen nur ganz persönlich betrifft, das eigene Leben, um es dadurch Tag für Tag besser meistern, um immer treffsicherer Entscheidungen fällen zu können.

Wir bestehen nicht nur aus Materie, aus unserem physischen Körper, sondern auch aus anderen, feineren und unsichtbaren Elementen, die für unser Leben sehr wichtig sind. Werfen wir zunächst einen Blick auf die Beziehung zwischen unserem innersten und edelsten Wesensglied, dem Geist oder dem Ich, und dem physischen Körper.

Nehmen wir einmal an, vor uns liegen zwei-, dreihundert Geigen. Dem äußeren Anschein nach sind sie alle nahezu gleich. Auch ihre Mechanik ist sehr ähnlich, alle unterliegen denselben akustischen Gesetzen. Doch die Klänge und Melodien, die verschiedene Geiger ihrem Musikverständnis und ihrer Kunstfertigkeit entsprechend aus ihnen hervorzaubern können, werden sehr unterschiedlich sein.

Wenn wir dieses Bild auf das Menschenleben übertragen, können wir Folgendes feststellen: Auch wenn wir in körperlicher Hinsicht nicht ganz gleich sind, unterscheiden wir uns darin nicht allzu stark voneinander; die Gesetze, nach denen körperliche Vorgänge ablaufen, gelten für alle Menschen gleichermaßen. Trotzdem geht jeder Mensch seinen eigenen Weg, es unterscheiden sich die Richtung und der Sinn im Leben des einen Menschen deutlich von denen aller anderen. Jedes Leben ist einzigartig. Die einzelnen menschlichen Biografien unterscheiden sich ebenso voneinander wie die Melodien, die verschiedene Geiger mit gleichartigen Violinen erklingen lassen. Jeder Mensch drückt den Naturgesetzen, die für alle gelten, seinen eigenen, unverwechselbaren Stempel auf: durch seine Persönlichkeit, durch das, was sein Innerstes ausmacht, durch die Ideale und Ziele, die er in sich trägt.

Es sind gerade die Einzigartigkeit und das Ureigene jedes Menschen, die seinen Lebenslauf so faszinierend machen – und nicht in erster Linie die Werkzeuge, zu denen vor allem der physische Körper gehört und die den allgemeinen Naturgesetzen unterliegen.

Auf der einen Seite gibt es also im Leben die Werkzeuge, das, was die Natur uns zur Verfügung stellt und was alle Menschen gemeinsam haben; auf der anderen Seite haben wir die individuelle, einzigartige Art und Weise, mit der jeder Mensch diese Werkzeuge handhabt und von der abhängt, welche Erfahrungen er sammelt und wie er sich weiterentwickelt. Dies ist seine einmalige, einzigartige und unverwechselbare «Lebensmelodie». Das Ich, der Geist – mit diesem Begriff wird von alters her das Individuelle, Unverwechselbare des Menschen bezeichnet – bedient sich des Körpers als Instrument. Er tut dies auf ganz individuelle Weise und macht folglich auch vollkommen einmalige Lebenserfahrungen.

Die Erforschung unserer eigenen «Lebensmelodie», unseres eigenen Lebensweges, ist für unsere persönliche Entwicklung von größter Bedeutung. Sie kann sich zu einer echten Kunst entwickeln: zu der Kunst, den Sinn des Lebens in seinem Umriss und in allen Einzelheiten nachzuzeichnen. Den Naturwissenschaften wird es überlassen bleiben, weiterhin die Naturgesetze zu erforschen, die für alle Menschen gleichermaßen gelten.

Ursache und Wirkung in der Biografie

Wenn wir nach dem Sinn des Lebens fragen, stoßen wir oft auf folgende Grundfragen:

- Warum habe gerade ich diese Krankheit bekommen?
- Warum ist mir dies oder jenes passiert?
- Warum bin ich ausgerechnet diesem Menschen begegnet?

Die moderne Naturwissenschaft beschränkt sich bei der Erforschung des Zusammenhangs zwischen Ursache und Wirkung üblicherweise darauf, Ursachen nur in Dingen oder Vorgängen ausfindig zu machen, die entweder direkt durch die Sinne oder mithilfe von Messinstrumenten wahrnehmbar sind. Ihr Untersuchungsfeld beschränkt sich dadurch auf die Welt der Materie. Schauen wir uns daher etwas genauer die verschiedenen Möglichkeiten an, wie Ursache und Wirkung in einem Lebenslauf zusammenhängen können.

Auf die Frage, warum jemand in einem bestimmten Alter, sagen wir mit vierzig Jahren, eine Lungenentzündung bekommt – eine Grundfrage der Biografieforschung –, kann die moderne Naturwissenschaft lediglich Antworten geben, die unmittelbar auf der Hand liegen und sich als äußerliche Erklärungen bezeichnen lassen: «Du hast dir eine Lungenentzündung zugezogen, weil du dich erkältet hast.» Dies mag wohl zutreffen, aber man muss zugeben, dass diese Seite der Krankheit am unbedeutendsten ist, denn sie erklärt lediglich, *wie* ich eine Lungenentzündung bekommen habe, nicht aber *warum* oder *wozu,* erklärt nicht, welcher Sinn darin liegt.

Die Naturwissenschaft stellt lediglich fest: Etwas Stofflich-Sichtbares wirkt unmittelbar auf ein anderes Stofflich-Sichtbares, eine Erkältung führt zur Lungenentzündung. Der Vergleich mit einem Billardspiel drängt sich auf: Stößt eine Kugel eine andere an, kommt diese nach den Gesetzen der Mechanik ins Rollen. Der Billardspieler bleibt aber bei dieser Betrachtungsweise unberücksichtigt. Das Auge richtet sich lediglich auf die Kraft und Geschwindigkeit, die sich von einer Kugel auf die andere übertragen. Nach diesem Muster von Ursache und Wirkung versucht die neuere Naturwissenschaft alle Phänomene bis hin zur Entstehung des Weltalls zu erklären: Nach einem Urknall soll durch unzählige «Kugelstöße» die Welt entstanden sein, die uns heute umgibt. Dass wissenschaftliche Theorien in der Regel nicht so simpel, sondern hochkompliziert formuliert werden, ändert nichts an diesem Prinzip des wissenschaftlichen Denkens.

Diese mechanistische Erklärung der Phänomene ist nützlich, solange man sich auf den materiellen Bereich beschränkt. Sie geht davon aus, dass ein Körper auf einen anderen nur dadurch einwirken kann, dass er in physischer Hinsicht, also *räumlich,* nahe genug ist, um ihn berühren oder anstoßen zu können. Diese Erklärungsweise ist so einleuchtend, dass man fast unwiderstehlich versucht ist, sie unverändert auf ein völlig anderes Gebiet zu übertragen: die Zeit. In unserem Beispiel gerät die zweite Kugel in Bewegung, *zeitlich* unmittelbar nachdem sie von der ersten angestoßen wird. Wendet man dieses Prinzip auch auf die Zeit an, gelangt man zu folgendem Ergebnis:

Die Ursache für jeden Vorgang ist stets
der zeitlich unmittelbar
vorausgegangene Vorgang.

Doch trifft es tatsächlich zu, dass beispielsweise eine Lungenentzündung hauptsächlich auf eine vorausgegangene Erkältung zurückzuführen ist? So denken wir gewöhnlich. Aber das ist noch nicht alles, was man über die Ursachen der Lungenentzündung sagen kann.

Das, was zu einer gegebenen Zeit geschieht, wirkt sich sicherlich auch auf rein äußerliche Weise auf das aus, was unmittelbar darauf folgt. Doch der Mensch ist kein rein mechanisches Wesen, das lediglich auf Stöße oder äußerliche Impulse reagiert. Für seine Handlungen gilt in viel höherem Maße das genaue Gegenteil:

Das, was zeitlich später erfolgt, ist
die Ursache dessen, was vorher geschieht.

Warum kaufe ich mir eine Flasche Orangensaft? Weil ich Durst habe und etwas trinken möchte. Die Ursache ist hier also die Entscheidung, etwas zu trinken, die Wirkung ist das Kaufen, denn ich trinke den Orangensaft nicht, weil ich ihn gekauft habe, sondern ich kaufe ihn, weil ich ihn trinken will. Die Ursache (das Trinken) liegt also zeitlich nicht vor, sondern *nach* ihrer Wirkung (dem Kaufen). Das vorgestellte Trinken kommt als Erstes und ist die Ursache sowohl des Kaufens wie auch des wirklichen Trinkens. Das

Kaufen ist Mitursache des wirklichen Trinkens, aber Wirkung des vorgestellten Trinkens. Auf das Beispiel der Lungenentzündung übertragen, heißt das: Ich habe mich erkältet, weil ich eine Lungenentzündung bekommen wollte. Die beabsichtigte Lungenentzündung ist die Ursache der Erkältung, nicht umgekehrt!

Das klingt zunächst einmal unwahrscheinlich; der eine oder andere wird diesen Gedanken sogar absurd finden. Doch warum sollten wir nicht den Mut haben, darüber nachzudenken, ob die Dinge tatsächlich so ablaufen, und zwar gerade auch auf der Ebene des alltäglichen Lebens? Führen wir uns das Verhältnis zwischen Ursache und Wirkung im Lebenslauf genau vor Augen:

Der erste Schritt, der zu einer Handlung führt, ist immer ein Gedanke, ist der Beschluss, etwas zu tun, um ein ganz bestimmtes Ergebnis zu erzielen. Dieser ursprüngliche Gedanke veranlasst uns dazu, Mittel und Wege zu finden, um an unser Ziel zu gelangen. Wenn ich beschließe, einen Freund zu besuchen, der in einer anderen Stadt wohnt, muss ich bestimmte Bedingungen erfüllen, beispielsweise einen Platz im Zug reservieren, die Koffer packen, den Bus zum Bahnhof nehmen und so weiter. Mit anderen Worten: Eine Reihe von Dingen werde ich erledigen, um die ich mich gar nicht kümmern würde, hätte ich nicht von Anfang an die Absicht gehabt, meinen Freund zu besuchen. Genau genommen ist also das Ziel, das Endergebnis (der Besuch), insoweit es in meinem Kopf lebt, die tatsächliche Ursache für alle Handlungen, die der Verwirklichung des Zieles zeitlich vorausgehen müssen. Die entscheidende Ursache (die

Absicht des Besuchs) erscheint äußerlich erst nach dem, was sie selbst bewirkt. Sie wird also zeitlich nicht vor, sondern nach ihrer Wirkung äußerlich sichtbar.

Da die materialistische Wissenschaft aber nur Vorgänge untersucht, die wir beobachten können – äußerliche Handlungen, die der Verwirklichung eines gesetzten Ziels dienen, und am Ende das äußerlich realisierte Ziel –, betrachtet sie die Handlungen, die einem Ziel vorausgehen, ausschließlich als seine Ursache und nicht gleichzeitig auch als seine Wirkung. Äußerlich gesehen können sie ohne Weiteres als Ursache gelten, aber ohne das zuvor ins Auge gefasste Ziel wären sie gar nicht erfolgt. Sie sind in einem tieferen Sinne eine Wirkung dessen, was sie ihrerseits nur äußerlich bewirken.

Nehmen wir an, wir hätten alle ein «höheres Bewusstsein», das wesentlich mehr überschaut als das uns bekannte. Nennen wir es «Überbewusstsein»; es ist im Grunde das, was die Psychologie das «Unbewusste» oder «Unterbewusste» nennt. Stellen wir uns vor, dieses Überbewusstsein hätte eine außergewöhnliche Fähigkeit zu denken und vorauszuplanen, es sei sogar in der Lage, ein ganzes Menschenleben mit allen Einzelheiten und mit einem übergreifenden Sinn und Ziel zu entwerfen. Es wäre ein höherer Geist als wir, eine Art höheres Ich, das sich durch eine Genialität auszeichnen würde, von der wir wissen, dass unser normales Bewusstsein sie nicht besitzt.

Am Anfang steht das Ende: das Ziel des Lebens

Auf der Grundlage der oben angestellten Überlegungen können wir davon ausgehen, dass der Sinn eines Menschenlebens, das Endziel einer Biografie, die erste Ursache all dessen sein muss, was im Leben geschieht. Der Sinn einer Biografie ergibt sich für das ein ganzes Leben umfassende Bewusstsein nicht erst im Nachhinein, als Folge oder als Endergebnis von einzelnen Begebenheiten, sondern liegt in einem zu Beginn entworfenen Gesamtplan. Ein von Anfang an ins Auge gefasster Lebenszweck oder Lebenssinn wird über alle einzelnen dazu führenden Lebensereignisse entscheiden. Dieser Lebensplan enthält von vornherein alles, was in einem Leben geschehen, was aus ihm werden soll – so wie in der Vorstellung des Bildhauers die Statue bereits fertig ist, bevor er den Meißel ansetzt, so wie in der Absicht, meinen Freund zu besuchen, schon alle notwendigen Handlungen mitenthalten sind, die dazu führen.

Jeder kann nur für sich selbst die Hypothese aufstellen, dass es in seinem Leben einen solchen «Planer» mit einem wirkungsvollen Lebensplan geben muss, und daraufhin das eigene Leben untersuchen. Jeder kann diese Hypothese auf Herz und Nieren prüfen und feststellen, ob das Leben damit besser zu verstehen ist, ob das Ganze dadurch für ihn mehr Sinn macht. Fragen wir uns weiter, was folgt, wenn diese Annahme zutrifft.

Wenn ein höheres Ich in mir der Überzeugung ist, dass mir zu einem ganz bestimmten Zeitpunkt meines Lebens eine Lungenentzündung gut tut, weil ich dadurch, dass ich gegen sie ankämpfe und sie überwinde, stärker werde, bekomme ich eine Lungenentzündung. Natürlich wird sie mich nicht besonders stärken, wenn ich sie in meinem «allzu menschlichen» Bewusstsein verwünsche und meine, dass es besser gewesen wäre, ich hätte sie nicht bekommen. Mein «Lebensplaner» wählt als Mittel zur Lungenentzündung eine Erkältung ja gerade in der Hoffnung, dass ich darin eine Gelegenheit zur Kräftigung sehe. Die eigentliche Ursache für meine Lungenentzündung ist so gesehen nicht die vorausgegangene Erkältung, sondern der Wille meines besseren Ich, mich körperlich stärker, widerstandsfähiger zu machen. Die Erkältung ist weniger eine Ursache als ein Mittel zum Zweck. Wenn eine solche Erkältung nicht zur gewünschten Lungenentzündung führen würde, müsste der Lebensplaner zu einem anderen, wirkungsvolleren Mittel greifen, wenn er darauf besteht, das Ziel der Lungenentzündung zu erreichen.

Und das ist noch nicht alles: Es könnte der Fall vorliegen, dass die körperliche Stärkung gar nicht das eigentliche Ziel der Lungenentzündung ist. Vielleicht hat das höhere Ich eine ganz bestimmte Aufgabe im Auge, die der Mensch später im Leben wird erfüllen müssen und für welche eine innere Ausdauerkraft unbedingt erforderlich ist. In diesem Fall wäre die tiefere, entscheidende Ursache der Lungenentzündung das Erlangen einer seelischen Eigenschaft, der Ausdauer, als Voraussetzung für die später zu erfüllende Aufgabe. Zwei Menschen können gleichzeitig eine Lungenentzündung bekommen: Was sie körperlich durchmachen, ist sehr ähnlich, wozu es aber in ihrer Biografie dient, wird sehr unterschiedlich sein.

So kann das Studium der Biografie die unterschiedlichsten Schwerpunkte setzen. Manche heben vor allem die Gesetzmäßigkeiten hervor, die jedem Menschenleben gleichermaßen das nötige Gerüst geben. Andere richten ihr Augenmerk vornehmlich auf das ganz Einmalige, das einen Lebenslauf kennzeichnet. Anspruchsvoller, aber umso spannender, dürfte eine Biografiebetrachtung sein, die das Einmalige eines Lebenslaufes gerade in der einzigartigen Weise sieht, *wie* ein Mensch sich aller Gesetze der Natur, aller Kräfte der Seele für die freie Entfaltung seines Geistes bedient.

Der unsichtbare Lebenskünstler

Von dem weisen Lebensplaner, von dem hier die Rede ist, behaupten alle alten Kulturen, dass es ihn wirklich gibt. Er ist der Genius, der mit einem «genialen» Bewusstsein ausgestattet ist und ein ganzes Leben als sinnvolles Ganzes hervorbringen kann, noch bevor der erste Lebensschritt erfolgt. Das Ich, dessen wir uns normalerweise bewusst sind, ist nur ein Abglanz dieses höheren Ich. Unser Ich-Bewusstsein verhält sich zum wirklichen Ich ungefähr wie das Spiegelbild eines Menschen zum wirklichen Menschen. Dieses bewusste Ich entsteht und vergeht mit unserem physischen Körper. Jede Nacht verschwindet es, weil die «Spiegelung» durch den Körper aufhört. Unser wirkliches, geistiges Ich stirbt niemals, es wirkt immer. Es ist der Architekt unseres Lebensweges.

Gewöhnlich hat unser normales Bewusstsein kaum eine Ahnung von diesem höheren Ich, und es wäre schon viel gewonnen, wenn es uns gelingen würde, die Verbindung zum Gestalter unseres Lebens, der wahren Identität eines jeden von uns, auch nur ein wenig enger zu knüpfen – zum Beispiel durch die Beschäftigung mit den jeder Biografie zugrunde liegenden Gesetzen.

Die innere Spaltung zwischen normalem und höherem Ich, zwischen Alltags- und umfassendem Bewusstsein ist das große Geheimnis des Menschen. Der Sinn dieses Gespaltenseins liegt darin begründet, dass auf unserem Lebensweg uns die schöne biografische Aufgabe erwächst, diese Trennung durch innere Entwicklung allmählich zu überwinden. Wir können die beiden Seiten unseres Wesens immer mehr in Einklang miteinander bringen. Wir können uns unseres geistigen Ich – aus eigener Kraft – immer mehr bewusst werden. Der Weg, den wir zurücklegen müssen, um wieder mit unserem geistigen Ich in Einklang zu kommen, ist der Weg unserer inneren Freiwerdung.

Unser gewöhnliches Bewusstsein ist voller Egoismen und Illusionen. Nur wenn wir gegen sie ankämpfen und sie überwinden, ist es uns möglich, den klaren Blick unseres geistigen Ich zu bekommen, ein echtes Verständnis für den Sinn unseres Lebens zu erhalten. Auf diese Weise «heilen» wir nach und nach die Spaltung unseres Wesens, die Wunde, die in der christlichen Tradition «Erbsünde» genannt wird, und gelangen zu einer immer tieferen Harmonie mit uns selbst.

Wo also liegen die eigentlichen Ursachen für alles, was uns im Leben widerfährt? Das, was uns geschieht, was wir anscheinend nur erleiden, vollzieht sich auf die gleiche Art und Weise wie das, was wir selbst unternehmen. Nichts auf der Welt ereignet sich, ohne dass ein denkendes Wesen es zuvor gedacht und gewollt hat und in die Tat umsetzt. Wenn mir etwas geschieht, was ich nicht selbst gedacht und gewollt habe, muss es ein anderes Bewusstsein als meines vollbracht haben. Da es *mir* geschieht, kann nur ein Teil meiner selbst es gedacht und gewollt haben. Ignoriere ich diesen Teil von mir, bin ich genötigt, alles, was mir geschieht, einem mir fremden Gott oder dem blinden Zufall zuzuschreiben.

Biografie als Lebenskunst

Eine Mutter erzieht ihr Kind. Bei ihrer Tätigkeit können wir vier Ebenen von Ursachen unterscheiden:

- Erste und maßgebliche Ursache für die Erziehung ist die Mutter selbst, der Mensch (Ebene des Geistes, der schaffenden Ich-Wesen).
- Die zweite Ursache ist das Ziel, das die Mutter sich bei der Erziehung setzt – vielleicht möchte sie durch ihr Kind das für die Menschen vollbringen, was sie nicht

selbst vermochte (Ebene der Psyche, der innerlich erlebenden Seele).

- Die dritte Ursache: die vielen Handlungen und Tätigkeiten, die zu diesem Ziel führen (Ebene des Lebens und der Metamorphosen, der Verwandlungen).
- Die vierte: das Kind als äußerlicher Empfänger der Erziehungskunst der Mutter (Ebene der äußerlichen Welt, auf die Geist, Seele und Leben einwirken).

Alle vier Arten von Ursachen stehen in einem engen Zusammenhang. Sie lassen sich nicht einzeln herauslösen, sondern bilden miteinander eine unauflösliche Einheit: Sie sind vier und eins zugleich. Fehlt eine dieser Ursachen, wird der Erziehung des Kindes entweder kein Erfolg beschieden sein oder sie wird erst gar nicht zustande kommen.

Wenn wir irgendein biografisches Ereignis verstehen wollen, müssen wir es genauso als Einheit betrachten. Die vier genannten Ebenen werden durch den «Lebenskünstler» in uns, durch unseren «Erziehungskünstler» in eine Einheit gebracht: wie die Mutter als Erzieherin es mit ihrem Kind tut.

Das Handeln in der Welt der Materie übt auf das Innere des Menschen, auf seine Seele, immer eine Wirkung aus:

> Wenn der Geist die Materie formt,
> wird auch die Seele neu geformt.

Den Anfang macht immer etwas rein Geistiges: Jemand hat einen Gedanken, eine Idee. Das löst eine Art inneren Widerhall aus – zum Beispiel die Empfindung: «Das gefällt mir» oder «Das gefällt mir nicht» –, das ist die Welt der Seele.

Steht fest, was und auf welche Weise umgewandelt werden soll, was getan werden muss, um das Ziel zu erreichen, ergänzen sich Fähigkeiten und Tätigkeit und werden in der Welt wirksam. Die Welt der Materie bildet mit ihren jeweils ganz genau feststehenden physisch-stofflichen Merkmalen eine Grundlage, die vom Lebenskünstler «Mensch» bei seiner «Biografiearbeit» umgestaltet wird.

So entwickelt sich jeder Künstler während seines Schaffens immer weiter. Während er die materielle Welt verwandelt, werden auch seine Fertigkeiten verfeinert. Seine Seele verändert sich durch jede neue Erfahrung. Während wir mit der Welt in Beziehung treten und auf sie einwirken, erleben wir gleichzeitig das, was die Welt in uns wachruft.

Wer die Schlüssel zum Verständnis seines Lebens sucht, die Antworten auf die Frage, warum ihm dies oder jenes geschieht, muss sich dem Lebensplan zuwenden, den sein höheres Bewusstsein entworfen hat. Diesen Plan zu durchschauen ist nicht leicht, gehört aber zu den Aufgaben, denen sich jeder von uns stellen muss, wenn er Freude am Leben haben will. Es liegt an uns, uns davon zu überzeugen, dass alles, was auf uns zukommt, einen Sinn hat: jede Krankheit, jedes Ereignis, jede Begegnung.

Unser höheres Ich kann uns nur wünschen, dass wir uns seiner Anwesenheit zunehmend bewusst werden, dass wir uns immer mehr mit ihm einverstanden erklären, bis wir schließlich erkennen, dass wir selbst im tiefsten Sinne dieses höhere Ich sind. Wir haben selbst unseren Lebensweg in allen Einzelheiten geplant, im Hinblick auf eine möglichst allseitige Entfaltung unserer Kräfte.

Jeder Menschengeist sagt zu sich selbst: «Ich bin ein freier Schöpfer, im Ebenbild der Gottheit geschaffen. Wenn ich meine Schöpferkraft nicht nutze, werde ich, als auf der Erde lebender Mensch, ein Spielball der Naturgesetze. Wenn ich das Geistige in mir aber jeden Tag hege und pflege, kann ich die Welt der Materie mir immer besser dienstbar machen.»

Die Zwänge, die uns von der Materie auferlegt werden, erleben wir so lange, wie wir nur die sichtbare Welt als Wirklichkeit gelten lassen. Doch gerade in der Auseinandersetzung mit der materiellen Welt erfahren wir, dass wir als geistige Wesen ganz neue Schöpfungen hervorbringen können. Etwas Neues zu schaffen heißt nicht, die ganze Welt aus dem Nichts neu zu erschaffen, sondern aus der eigenen Intuition heraus immer schönere Ideale und Lebensziele. Ich allein kann die Ursache meiner Ideale sein. Ohne mich gäbe es keines der Ziele, die ich mir setze und im Leben umsetze.

Jeder Mensch ist als Geist dazu fähig, etwas völlig Neues hervorzubringen, etwas, was es noch nie gegeben hat. Nur wenn wir uns unserer Schöpferkraft nicht bewusst werden, können wir denken, dass alles im Leben unabänderlichen Gesetzen unterliegt. Tatsächlich aber setzen wir oft unser ganzes Vertrauen in die Welt der Materie und sind letzten Endes sogar der Meinung, dass alles sogenannte Geistige das Ergebnis materieller Vorgänge sei. Führt dieses Denken, dem die moderne Naturwissenschaft so gerne huldigt, nicht deutlich in die falsche Richtung?

Der Künstler (der Geist) und sein Kunstwerk (der Lebenslauf)

Naturgesetze können von uns weder geändert noch umgangen werden. Was geistig ist, können wir hingegen ganz in unserem Sinne gestalten. Ob und inwieweit wir das tun, liegt in unserer Freiheit. Wir können es auch unterlassen – allerdings nicht gänzlich: Irgendwie schöpferisch, und sei es in noch so geringem Maße, ist jeder, ob er sich dessen bewusst ist oder nicht. Die eigene Kreativität, das Einzigartige, das dem geistigen Ich des Menschen entspringt, immer kräftiger in die Welt zu tragen, ist der Sinn jedes Lebensweges.

Jeder Lebenslauf spielt sich in zwei Welten ab: in der Welt, die allen gemeinsam ist, und in derjenigen, die bei jedem einmalig und einzigartig ist. Wenn eine Mutter von mehreren Kindern stirbt, stellt ihr Tod, von außen gesehen, für alle Kinder gleichermaßen ein objektives Ereignis dar. Doch vom inneren Standpunkt aus betrachtet, hat ihr Tod für jedes Kind ein anderes Gesicht, eine andere Bedeutung. Jedes erlebt den Tod der Mutter ganz anders.

Zwei Leben können einander niemals völlig gleich sein, denn das, was das Leben eines Menschen ausmacht, ist die einmalige, ganz individuelle Art und Weise, Ereignisse und Erlebnisse – auch Erlebnisse, die mit anderen gemeinsam durchlebt werden – aufzunehmen und innerlich zu verarbeiten.

Man denke zum Beispiel an den ganz individuellen Gebrauch der Muttersprache. Jeder Mensch kann die Laute seiner Muttersprache bilden, ihre Wörter aussprechen und verstehen. Dennoch werden zwei Menschen denselben Sachverhalt kaum je auf genau dieselbe Art und Weise darstellen. Der Sprachstil eines Menschen gleicht einem unverwechselbaren Siegel. Einen Dichter oder Schriftsteller gut zu kennen, bedeutet, ihn eher an seiner Art des Formulierens als am Inhalt seiner Werke erkennen zu können, denn dieser muss ja nicht unbedingt von ihm selbst stammen. Große Dichter und Schriftsteller handhaben ihre Muttersprache auf unverwechselbare Weise. Zwar mag es den meisten von uns nicht schwer fallen, anhand von zwanzig oder dreißig zusammenhängenden Wörtern festzustellen, dass ein Text von Goethe stammt, denn die Sonne am Himmel erkennt wohl jeder. Doch wer vermag schon Tausende von Sternen voneinander zu unterscheiden?

Beim Studium des Lebens kann man ein Verständnis für solche Unterschiede entwickeln. Nach und nach wird einem immer klarer, dass jeder Lebenslauf ein einmaliges Kunstwerk ist: das Werk eines Künstlers, der keinen anderen nachahmt, sondern stets Neues und Eigenes hervorbringt. Jedes höhere Ich kommt auf diese Erde und sagt: «So bin ich, dieses und jenes will ich in meinem Leben. Ich möchte alle nötigen Erfahrungen sammeln, um die Ziele, die ich mir vorgenommen habe, zu erreichen.» Die wichtige Frage für mich ist: Wie kann ich in meinem Alltagsbewusstsein den genialen Lebenskünstler in mir und sein Kunstwerk, meine Biografie, immer besser verstehen?

Viele eineiige Zwillinge entwickeln sich im Lauf ihres Lebens zu völlig unterschiedlichen Persönlichkeiten. Muss es da nicht eine Instanz geben, die mit den zur Verfügung stehenden Erbanlagen ganz frei umgeht? Wie zwei Künstler, die trotz zweier identischer Geigen auf verschiedenste Weise spielen können. Erst der freie Umgang mit der Welt ermöglicht unserer Individualität, ihre Ziele im eigenen Sinne anzustreben. Das geistige Ich des Menschen lässt sich kein Erbgut aufzwingen. Vielmehr wählt es freiwillig aus den vielen Erbanlagen diejenigen aus, die ihm am besten dienen. Es weiß, welcher Körper sich am besten für das Leben eignet, das es führen möchte, welche Anlagen ihm am meisten zugute kommen können: wer seine Eltern sein sollen und wie die genetische Mischung auszusehen hat.

Ob jemand zu klein geraten ist, braune statt blaue Augen hat: Dafür kann er niemandem außer sich selbst die Schuld zuschreiben! Er selbst hat es in seinem klügeren Ich so gewollt, weil es gut für ihn ist, ganz gleich, ob es seinem gewöhnlichen Bewusstsein gefällt oder nicht. Sein wahres Ich hat sich angesichts der unermesslichen Anzahl von Möglichkeiten, einen Körper zu bilden, gefragt: Welcher Körper eignet sich am besten, um mir als Werkzeug zu dienen, damit ich das, was ich mir in diesem Leben vorgenommen habe, verwirklichen kann?

Rhythmen des Lebens

Im Folgenden wollen wir näher untersuchen, auf welche Art und Weise die Natur und die Individualität des Menschen miteinander wirken, um ihr gemeinsames Werk zu schaffen.

Was hierbei als Erstes ins Auge springt, ist die Tatsache, dass das Leben des Menschen gleichsam in zwei Hälften zerfällt: in eine Hälfte des Aufbaus und in eine Hälfte des Abbaus, die mit der Lebensmitte um das fünfunddreißigste Jahr herum beginnt. Dieses Muster gilt uneingeschränkt für alle Lebensläufe. Die Lebenskräfte, die dem Menschen bis zur Mitte des Lebens reichlich zufließen, ziehen sich nach und nach zurück; der körperliche Verfall folgt unausweichlich.

Daraus ergibt sich eine Lebensfrage von allergrößter Wichtigkeit:

> Welchen Sinn hat das Wachstum, wenn der Mensch doch dem Verfall preisgegeben wird?

Der Sinn des Wachstums kann doch nicht im Verfall liegen – wozu etwas erst mühevoll aufbauen, und es dann dem Niedergang preisgeben? Wenn das Leben sinnvoll sein soll, kann sich der Verfall meines Körpers nur dadurch rechtfertigen, dass mir dafür etwas noch Wertvolleres möglich wird. Dies wird im nächsten Kapitel der Gegenstand einer eingehenden Untersuchung sein.

Neben dem Wendepunkt, etwa in der Mitte des Lebens, spielen die sogenannten Mondknoten eine wichtige Rolle in der Biografie des Menschen. Alle achtzehn Jahre (genauer: 18 Jahre, 218 Tage, 2 Stunden und 22 Minuten), also im Alter von etwa achtzehn, siebenunddreißig, fünfundfünfzig Jahren und so weiter, befinden sich Sonne, Mond und Erde in derselben Beziehung zueinander, stehen an der gleichen

Stelle am Himmel wie zu unserer Geburt. Zurückzuführen ist dieses Phänomen auf eine ganz bestimmte Bewegung der Erdachse, die «Nutation». Jedes Mal, wenn Erde, Sonne und Mond wieder so zueinander stehen wie zum Zeitpunkt der Geburt, hat der Mensch die Möglichkeit, eine Art «Wiedergeburt» zu erleben. Die Wiederholung der Kräftekonstellation unserer Geburt am Himmel ermöglicht uns auf der Erde einen psychischen und geistigen Neubeginn, wie die Geburt auch ein Neubeginn war. Dies ist der Tatsache zu verdanken, dass wir freier von den äußeren Einflüssen werden, die uns zu anderen Zeiten fester im Griff haben. Wie dieser Neubeginn konkret aussieht oder aussehen kann, kann nur jeder für sich entscheiden.

Ein weiteres Geheimnis unseres Lebens ergibt sich aus der Tatsache, dass die Zeit sich im menschlichen Leben keineswegs als etwas gleichmäßig Ablaufendes, als eine gleichförmige «Strecke», die von der Vergangenheit in die Zukunft verläuft, darstellt. Vielmehr ist es in etwa vergleichbar mit den Wellen, die entstehen, wenn jemand Kieselsteine ins Wasser wirft. So zieht jede Erfahrung, die wir machen, gleichsam Kreise, die sich von der Mitte aus in alle Richtungen ausdehnen. Selbstverständlich sind nicht alle Erfahrungen oder Ereignisse des Lebens gleich wichtig. Weniger wichtige Erfahrungen sind wie winzige Kiesel, die nur kleine Wellen schlagen – Schlüsselerfahrungen hingegen bewirken eine gravierende Veränderung. Sie sind wie große Steine, die Wellen erzeugen, welche von einem Ufer bis zum anderen – von der Geburt bis zum Tod – reichen können.

Man stelle sich einen Siebzehnjährigen vor, der plötzlich vom Unglück verfolgt zu sein scheint: Sein Vater stirbt und er ist gezwungen, die Schule abzubrechen und für seinen Lebensunterhalt zu arbeiten. Das ist die Erfahrung, die er in der Gegenwart macht. Fragen wir uns, wodurch dieses Ereignis vorbereitet wurde und welche Folgen es hat, dann werden wir feststellen, dass, je weiter ein vorbereitendes Ereignis in der Vergangenheit liegt, desto ferner in der Zukunft wird die Wirkung auftreten. Nehmen wir an, die bedeutendste Vorbereitung tritt sieben Jahre vor dem Unglück auf, und wenden wir den «Schlüssel» zum Verständnis des Lebens richtig an, so werden wir entdecken, dass die bedeutendste Folge mit Sicherheit sieben Jahre nach dem Unglück liegt.

Dies mag zunächst sehr theoretisch klingen. Macht man jedoch die Probe aufs Exempel und betrachtet sein eigenes Leben unter dem Aspekt dieser «Wellenkreise», wird man die Entdeckung machen, dass es tatsächlich zutrifft, und überaus aufschlussreich sein kann. Alles im Leben eines Menschen, auch die kleinste Erfahrung oder Begebenheit, verläuft nach diesem Muster. Nehmen wir an, jemand besucht einen Freund, der fünfhundert Kilometer entfernt von ihm wohnt, und nimmt für Hin- und Rückreise denselben Weg. Wenn wir uns die Zeit als eine fortlaufende Linie denken, in deren Mitte das Treffen mit dem Freund liegt, reihen sich auf beiden Seiten des Mittelpunktes, der Begegnung, die Orte auf, durch die er gefahren ist – in jeweils umgekehrter Reihenfolge. Wenn wir mit einer Kreislinie jeweils die gleichen zwei Orte verbinden, erhalten wir die «Wellenkreise», mit dem «Stein», der Begegnung, in der Mitte.

Wenn der Architekt des Lebens über die geniale Fähigkeit verfügt, ein derart kompliziertes Geflecht von Ursachen und Wirkungen zu ersinnen – stellen wir uns zur Veranschaulichung eine endlose Reihe von kleinen und großen Steinen vor, die auf einer Linie, dem Zeitverlauf des Lebens, ins Wasser geworfen werden –, wird es in jedem Leben auch irgendeine Tatsache, eine Erfahrung, ein Ereignis geben, das wichtiger ist als alle anderen. Alle weniger wichtigen Ereignisse finden erst darin ihren tieferen Sinn. Was davor erlebt wird, ist alles Vorbereitung; was danach geschieht, ist Folge und Auswirkung.

In jedem Leben muss es ein allerwichtigstes Ereignis geben, so wichtig, dass es allen anderen Ereignissen Sinn verleiht, entweder weil sie es vorbereiten oder weil sie eine Folgeerscheinung davon sind. Es ist das Schlüsselerlebnis, das mit der «Mission» oder der Lebensaufgabe, die ein Mensch auf der Erde zu erfüllen hat, in Zusammenhang steht. Es bildet den Mittelpunkt der größten Wellen, die sein Leben schlägt von der Geburt bis zum Tod – auch dann, wenn es zeitlich gesehen nicht in der Mitte der Biografie liegt. Weiß ich, welches in meinem Leben das Schlüsselereignis ist und warum es diese Rolle spielt, dann habe ich den Sinn meines Lebens begriffen. Um dies herauszufinden hilft mir die Erkenntnis, dass es sich um ein Ereignis moralischer Natur handeln muss – um ein Ereignis, an dem nicht nur deutlich wird, wer ich für mich bin, sondern auch und vor allem, wer ich für die anderen bin. Denn das geistige Ich plant das Leben eines Menschen immer so, dass dieser seinen ganz persönlichen Beitrag zur Entwicklung aller Menschen leistet.

Kein anderer Mensch kann seine ganz individuelle Aufgabe übernehmen.

Ein anderer wichtiger «Schlüssel» zum Verständnis des Lebens, der sich ebenfalls auf alle Biografien anwenden lässt, sind die sogenannten «Spiegelungen». Was ein Mensch zum Beispiel in den ersten drei Jahrsiebten erlebt, wirkt sich auf die Jahrsiebte zwischen seinem zweiundvierzigsten und dreiundsechzigsten Lebensjahr in besonderer Weise aus – und zwar das erste Jahrsiebt auf das neunte, das zweite auf das achte und das dritte auf das siebte. Ich werde auf diese Zusammenhänge im vierten Kapitel ausführlich zurückkommen.

Dein Leben gehört dir – wem sonst?

Zusammenfassend kann Folgendes gesagt werden: Wenn wir unserem Leben einen uns beglückenden Sinn geben wollen, müssen wir uns zum einen mit der Beschaffenheit unseres geistigen Ich bekannt machen, müssen uns darüber klar werden, wie geartet es ist, welche Ziele es verfolgt. Zum anderen müssen wir herausfinden, auf welche einmalige Art sich unser wahres Ich der Werkzeuge bedient, die ihm das Leben zur Verfügung stellt.

Um der heute vorherrschenden Art zu denken eine neue Richtung zu geben, bedarf es einer Veränderung des Alltagsbewusstseins. Dies nimmt zumeist an, wir würden unser

Leben nicht selbst bestimmen, sondern seien einem von außen auferlegten, zufälligen und oft ungerechten Schicksal ausgeliefert. Gelingt es uns umzudenken, werden wir uns davon überzeugen können, dass das geistige Ich in uns nichts «Zufälliges» duldet, sondern immer nur dasjenige frei wählt und beschließt, was uns weiterbringen soll. Ein anderes ist, was mir geschieht – dies zu entscheiden liegt in der Freiheit meines höheren Ich –, ein anderes, wie ich in der Freiheit meines Alltags-Ich dazu Stellung nehme, was ich daraus mache. Zu allem, was mir geschieht, kann ich die Frage stellen: «Wozu ist es gut für mich?», weil ich weiß: Mein wahres Ich kann nur das in meinem Leben geschehen lassen, aus dem ich Gutes machen kann. Tatsächlich etwas Gutes daraus zu machen, bleibt die Aufgabe meiner Freiheit, meines Alltagsbewusstseins. Um frei zu sein, muss ich die Möglichkeit haben, sowohl Gutes zu versäumen, wie auch etwas Schlechtes aus meiner Schicksalslage zu machen.

Jeder kann sein Leben in die Hand nehmen. Er braucht nur die vermeintlichen Hindernisse und Widerstände nicht als Fesseln anzusehen, sondern als Herausforderungen für seine weitere Entwicklung. Er kann sich davon überzeugen, dass sie alle von seinem höheren Ich in Freiheit und Liebe gewählt werden.

Das Leben wieder selbst in die Hand zu nehmen, bedeutet:

- sich der Tatsache bewusst zu werden, dass alles, was dem «normalen» Ich im Leben entgegenkommt, dem freien Willen des geistigen Ich entspringt und ausschließlich zum Besten des Menschen geschieht, und

- die praktische Erfahrung zu machen, dass man nicht dadurch glücklich wird, dass man mit dem Schicksal hadert, sondern dadurch, dass man jedes noch so schmerzvolle Ereignis als Sprungbrett für immer größere Entwicklungssprünge zu nutzen weiß.

Das Geheimnis des Lebens ist dazu angetan, von uns nach und nach gelüftet zu werden. Keiner von uns ist der Spielball eines blinden Schicksals, sondern wir alle sind frei, ja sogar in doppelter Hinsicht frei: Als geistige Wesen sind wir frei, weil wir in unserem höheren Bewusstsein das Leben nicht «erleiden», sondern schöpferisch planen und uns auch für schwierige Lebensstrecken aus freien Stücken entscheiden. Und unser Alltagsbewusstsein verleiht uns die Freiheit, in allem, was uns entgegenkommt, Güte und Weisheit zu erkennen, es ebenso wie unser höheres Ich mit Liebe und Dankbarkeit zu empfangen und zum eigenen und zum Wohl aller Menschen – uns selbst eingeschlossen – zu wenden.

II.
JUNG SEIN UND ALT WERDEN: DIE ZWEI GESICHTER DES LEBENS

«Zwei Seelen wohnen, ach! in meiner Brust»

Wir sind davon ausgegangen, dass es im Leben jedes Menschen zwei «Hauptdarsteller» gibt, die jedoch nichts weiter als zwei verschiedene Seiten ein und desselben Menschen sind. Alle Ereignisse des Lebens können wir als Ergebnis der Beziehung zwischen beiden ansehen. Das, was wir für gewöhnlich meinen, wenn wir «ich» sagen, ist nur dasjenige, was unserem Ich bewusst ist. Das ist aber doch nicht alles, was zu uns gehört. Im Innersten ist jeder von uns ein geistiges Ich-Wesen, das kraft des eigenen Denkens und Wollens wie ein Künstler schafft.

Aber was ist damit gemeint: «ein geistiges Wesen»? Es fällt heutzutage vielen schwer, den Begriff «Geist» oder «geistiges Wesen» mit Inhalt zu füllen, ihm eine wirkliche Bedeutung zu geben. Das, was man nicht sehen, hören, fühlen, riechen oder schmecken kann, hat in einem materialistischen Weltbild keine Bedeutung.

Sucht man jedoch nach den Schlüsseln zum Verständnis des Lebens, kommt man um die Untersuchung folgender Aussage nicht umhin:

Jeder Mensch lebt gleichzeitig
als bewusstes Ich und als geistiges Ich.

Vor Beginn unseres modernen materialistischen Zeitalters glaubte man zu keiner Zeit, das wahre Wesen des Menschen in dem zu finden, was äußerlich von ihm sichtbar ist. Im fünfzehnten Jahrhundert, als die moderne Naturwissenschaft entstand, wurde eine für die Menschheitsentwicklung bedeutsame Schwelle überschritten: Seither steht die Eroberung der materiellen Welt durch die experimentelle Forschung im Vordergrund, seither gilt vom Menschen nur das als wirklich, was äußerlich sichtbar ist.

Dass der Körper nur das Werkzeug des Menschen ist und nicht der ganze Mensch, galt in alten Zeiten als selbstverständlich. Heute hingegen muss man sich für die Annahme, dass alles Sichtbare nur ein Werkzeug für den Geist ist, schon beinahe entschuldigen. Es ist für uns durchaus keine Selbstverständlichkeit mehr, dass in jedem Menschen ein geistiges Wesen wohnt. Genau das aber führt zu der heutzutage so weit verbreiteten Orientierungslosigkeit. Andererseits genießen wir durch die Konzentration auf die sichtbare Welt aber auch den unbestreitbaren Vorteil einer noch nie da gewesenen Freiheit. Wir wollen auf kein über uns stehendes geistiges Wesen Rücksicht nehmen. So sind wir im Laufe der letzten Jahrhunderte auf der einen Seite innerlich ärmer geworden, weil uns die unmittelbare Verbindung zur geistigen Welt abhanden gekommen ist, haben auf der anderen Seite aber gerade deshalb die Möglichkeit hinzugewonnen, uns die geistige Welt mithilfe unserer eigenen Kraft und unseres Denkvermögens, aus unserem freien Entschluss heraus zurückzuerobern.

Dies ist ein historischer Augenblick, der wirklich große Chancen birgt. Zunächst einmal geht es darum, das

Vertrauen in die eigenen inneren Quellen, insbesondere in das eigene Denken, wiederzugewinnen. Nur mit dem Denken können wir herausfinden, was für uns gut, wahr und schön ist. Kein Mensch verfügt über eine andere Urteils- und Entscheidungsinstanz, die seinem Denkvermögen überlegen oder gleichwertig wäre. Als Kinder müssen wir uns auf die Erwachsenen verlassen. Wenn wir dies als Erwachsene immer noch tun, uns lediglich auf das Urteil anderer verlassen, sind wir innerlich faul. Wer glaubt, es sei besser, wenn jemand anderes für ihn denkt, macht sich selbst unfrei – zum Beispiel, indem er die Diagnose eines Arztes hinnimmt, ohne sie begreifen zu wollen, oder einen militärischen Befehl ausführt, ohne sich Gedanken über dessen moralische Qualität zu machen.

Das Beste am Menschen ist sein Denken, weil es ihn selbstständig und schöpferisch macht. Nichts und niemand sollte uns mehr gelten als unser eigenes Denkvermögen und seine nie aufhörende Entwicklung. Wenn jemand mich glauben machen möchte, ich sei nicht in der Lage, selbstständig zu denken, durch eigenes Denken wirtschaftliche, politische oder wissenschaftliche Zusammenhänge zu durchschauen, wenn er mir einzureden versucht, seine Gedanken – oder die irgendeines Fachmanns – seien von vornherein besser als meine, will er mich nur täuschen mit der Absicht, Macht auf mich auszuüben.

Wenn ich mit meinem Denken etwas Neues hervorbringe, etwas, was meinem Inneren entspringt und keine bloße Reaktion auf eine äußere Einwirkung darstellt, dann lässt mich diese Eingebung im wahrsten Sinne des Wortes Anteil am Geistig-Göttlichen in mir haben. In den Augenblicken, in denen ich schöpferisch bin, in denen ich im Denken und im Wollen etwas Neues hervorbringe, tue ich genau das, was ein Gott als Schöpfer unablässig tut. Im schöpferischen Denken werde ich eins mit meinem geistigen, göttlichen Ich.

Jeder Lebenslauf ist der beste

Das gewöhnliche Bewusstsein findet jeden neuen Tag wie einen reich gedeckten Tisch vor, der ihm ermöglicht, jeden Augenblick genau die Erfahrungen zu machen, die seiner Weiterentwicklung am förderlichsten sind. Sobald es sich dessen bewusst wird, kann es angesichts des unendlich fantasievollen, weisen Handelns des höheren Ich nur vor Dankbarkeit und Ehrfurcht erschauern. Aufgrund des Seelenzustandes, der durch diese Entdeckung erzeugt wird, erlangen wir im Alltagsbewusstsein die Zuversicht, dass wir den eigens für uns entworfenen Lebensplan immer besser verstehen können. Wir werden bestrebt sein, uns immer mehr eins mit dem Wesen zu fühlen, das unser Leben entworfen hat und Schritt für Schritt für dessen Umsetzung sorgt. Wir werden in allem, was wir vorher wie eine Vergewaltigung unserer selbst empfanden, die Herausforderung sehen, weiter zu wachsen. Wir werden in allen Ereignissen des Lebens unablässig Chancen wahrnehmen, um neue und heilsame Erfahrungen zu machen.

Wenn wir versuchen, in all unseren Lebenserfahrungen, auch den schmerzlichen, einen Sinn zu entdecken, lernen wir, auch dort Positives zu erkennen, wo wir vorher nur Negatives gesehen haben, und gelangen früher oder später zu folgender Überzeugung:

Um unser Leben ist es gerade dann
am besten bestellt, wenn es so aussieht,
als sei das Gegenteil der Fall.

Wenn wir den Eindruck haben, dass etwas im Leben schlecht läuft, heißt das doch, dass wir uns bemühen sollen, alles wieder zum Guten zu wenden. Kann das schlecht sein?

Je größer die Schwierigkeiten sind, die wir zu überwinden haben, desto tiefer ist unsere Freude, wenn wir es geschafft haben. Das größte Hindernis auf dem Weg der Selbstverwirklichung ist die Trägheit, die innere Bequemlichkeit, die wir alle wieder und wieder überwinden müssen. Es wäre schlimm, wenn wir diese Neigung zur Bequemlichkeit nicht hätten, liefert sie uns doch die schönsten Gelegenheiten zur Selbstüberwindung, zum wiederholten Kämpfen und Siegen. Die Welt wäre ein viel besserer Lebensschauplatz, wenn mehr Menschen bei einer Nachricht, die ihre gesamten Pläne oder ihr ganzes Leben umwirft, statt ein resigniertes «Oh, nein!», ein staunendes und fragendes «Oh! Für was ist das schon wieder gut?» ausrufen würden.

Von Anfang an weiß das geistige Ich des Menschen nicht nur um den Augenblick seiner Geburt, sondern auch um seinen Todeszeitpunkt, denn es hat zu jeder Zeit den vollständigen Überblick über das ganze Leben. Was für uns Zukunft ist, ist für unser geistiges Ich bereits Gegenwart. Für ein kleines Kind liegt «morgen» in einer unbestimmten Zukunft, während es im planenden Bewusstsein der Eltern bereits gegenwärtig ist. Für das geistige Ich ist der Tod nicht das Ende, sondern das Ziel des Lebens, dessen *Vollendung.* Ein Mensch stirbt, wenn die Aufgabe seines Erdendaseins erfüllt ist.

Wenn wir einen Unfall erleben, von einer Krankheit heimgesucht oder in der Liebe enttäuscht werden, kommt es uns normalerweise nicht in den Sinn, dies dem klügeren Ich in uns zuzuschreiben, das gerade durch das Leiden ganz bestimmte Entwicklungsziele mit uns erreichen möchte. Nehmen wir einmal an, das geistige Ich eines Menschen habe sich vorgenommen, fünfundachtzig Jahre alt zu werden, und sein freies Alltags-Ich behandelt seinen Körper durchweg gut. In diesem Fall gibt es keinen Grund, warum dieser Mensch früher sterben sollte. Lebt er hingegen sehr ungesund, strapaziert er seinen Körper, wird er vielleicht nur einundachtzig Jahre alt werden können. Auf keinen Fall aber wird er bereits mit vierzig sterben, denn das würde bedeuten, dass nicht das geistige, sondern das gewöhnliche Ich die Lebensdauer bestimmt.

Dass dies nicht möglich ist, ergibt sich nicht zuletzt aus der schlichten Tatsache, dass kein Mensch weiß, wann die Stunde seines Todes schlägt. Für das gewöhnliche Ich scheint der Tod zufällig, also unvorhergesehen, einzutreten. Das gilt aber nicht für das geistige Ich.

Unsere Möglichkeiten, in die Ereignisse einzugreifen, die unser höheres Ich für uns plant, sind begrenzt. Wichtig ist für uns, wie wir diese Ereignisse erleben und wie wir mit ihnen umgehen, ob wir uns dazu entschließen, in ihnen Entwicklungsmöglichkeiten zu sehen und aus ihnen das Beste zu machen. Wie wir uns in einer gegebenen Lebenslage verhalten, hängt immer ganz und gar von uns ab. Diese Freiheit reicht uns völlig. Kein Mensch sollte klagen, nicht frei genug zu sein, weil niemand schon so vollkommen ist, um all das Gute zu tun, das ihm freisteht.

Alle Tatsachen und Ereignisse des Lebens sind auf eine äußerst komplizierte Weise ineinander verflochten. Das kommt daher, dass die beiden Hauptdarsteller in unserem Lebensdrama ihre Entscheidungen meist auf der Grundlage einander entgegengesetzter Sichtweisen treffen: Der eine blickt von einer höheren Warte aus auf das gesamte Leben, während der andere in den Mühlen des Alltags und im Nebel der Gefühle gefangen ist. Oft führt dies dazu, dass das bewusste Ich eine Erfahrung ganz anders auffasst als das höhere Ich.

> Oft halten wir
> die großartigsten Gelegenheiten
> für die größten Unglücke.

Dieser innere Zwiespalt entsteht, wenn wir das, was das höhere Ich zu unserem Besten will, ablehnen, weil es uns nicht passt oder weil es unbequem ist. Genau daher rührt auch die Unzufriedenheit, die uns oft plagt.

Wer begnügt sich mit einer Jugend, wenn er zwei haben kann?

Das Leben verläuft, wie angedeutet, gleich einer Kurve, deren höchster Punkt in der Mitte liegt: In der ersten Hälfte steigt sie an, in der zweiten folgt der Abstieg. Dabei sieht es zunächst so aus, als stehe die erste Lebenshälfte zur zweiten in einem Widerspruch.

Nach dem Krabbelalter beginnen wir uns körperlich aufzurichten und zugleich innerlich zu wachsen – Intelligenz und Bewusstsein entwickeln sich immer weiter. Um das fünfunddreißigste Lebensjahr herum haben wir den höchsten Punkt unserer Lebenskurve erreicht. Damit sind wir, um mit Dante zu sprechen, «in der Mitte unseres Lebensweges» angekommen. Ab dann nehmen die physischen Kräfte nicht mehr zu, sondern nur noch ab. Wollen wir uns im unausweichlichen Niedergang behaupten, müssen wir auch diesem Grundgesetz des Lebens einen positiven Sinn abgewinnen.

Unser alltägliches Ich, das sich ganz auf die materielle Seite des Daseins konzentriert, neigt dazu, die zweite Hälfte des Lebenslaufes geradezu zu verdrängen. Nur Wachstumsprozesse scheinen für uns einen guten Sinn zu haben, den Alterungsprozess hingegen lehnen wir ab, wir versuchen ihn mit allen Mitteln zu überlisten. Jünger auszusehen halten wir für ein erstrebenswertes Ziel. Das Leben hat für uns nur so lange einen Wert, wie es «aufwärts» geht. Wenn der Niedergang beginnt, verschließen wir davor die Augen.

Und dennoch möchte unsere Vernunft in allem einen Sinn sehen. Früher sagte man, dass alles, was den Menschen sinnlos erscheint, in den Augen Gottes seinen guten Sinn hat. Da ist durchaus etwas dran – wenn man zum Beispiel unter dem Begriff «Gott» auch das höhere Ich des Menschen, wie er hier aufgefasst wird, versteht. Machen wir uns doch einmal die Mühe, den Wunsch nach ewiger Jugend zu Ende zu denken! Er ist durch und durch unsinnig. Ewige Jugend wäre wie ein Garten, in dem alle Pflanzen ohne Unterlass wachsen und gedeihen. Irgendwann hätte keine Pflanze mehr Platz, sich zu entfalten. Was nützt es also, sich Luftschlösser zu bauen, die mit der Wirklichkeit nicht das Geringste zu tun haben?

Die Aufbauphase des Lebens als sinnvoll zu erachten, fällt uns leicht, denn wer spürt, dass seine Kräfte zunehmen, empfindet dies selbstverständlich als angenehm. Viel schwieriger ist es hingegen, dem körperlichen Abbau, der Tatsache, dass die Lebenskräfte schwinden, etwas Förderndes abzugewinnen. Wenn aber alles, was das Leben uns bietet, eine positive Bedeutung haben soll, muss auch das Altern etwas Gutes sein. Das Finden dieses Guten kann nur durch einen «Kraftakt» gelingen, nur eine freie Entscheidung kann den Alterungsprozess in etwas Schönes verwandeln. Doch wie lässt sich das machen?

Wenn unser Leben tatsächlich von einem weisen Architekten geplant wird, kann dieser uns die Blüte unserer Jugend nur mit der Absicht nehmen, uns dafür etwas noch Wertvolleres zu schenken. Und genauso ist es in Wirklichkeit: Ein junger Geist in der zweiten Hälfte des Lebens kann uns noch viel glücklicher machen als ein junger Körper in der ersten.

Mancher wird sich jetzt vielleicht fragen, warum man nicht sowohl geistige als auch körperliche Jugend, beides gleichzeitig, haben kann. Die Antwort auf diese Frage ist ganz einfach: In der Zeit, in der wir all unsere Kräfte auf den Körper konzentrieren, bleibt für die geistige Entwicklung, für das Erkenntnisringen und das moralische Wachstum nur wenig übrig. Man kann nicht jung und vital und gleichzeitig weise und besonnen sein. Solange wir jung sind, hat der Körper die führende Rolle inne, aber mit der Zeit sollte er sich immer mehr zum Werkzeug unserer geistigen Entwicklung machen. Die Entfaltung geistiger Fähigkeiten, insbesondere das Denken, zehrt am Körper. Wer die Schätze des Geistes immer intensiver genießt, den erwarten gerade bei einem alternden Körper Freuden, von denen er in seiner Jugend nicht träumen konnte.

In dieser Hinsicht spielt uns der heutige Materialismus übel mit. So predigt er uns mit unermüdlichem, geradezu missionarischem Eifer, dass körperliche Kraft und materieller Reichtum uns am glücklichsten machen. Dies führt dazu, dass wir immer mehr in Abhängigkeit von Befriedigungen geraten, die wir uns allein aufgrund eines jungen, gesunden Körpers verschaffen können. Wenn die Körperkräfte dann schwinden, ohne dass wir uns auch nur im Entferntesten Gedanken darüber gemacht haben, dass das, was den Menschen am glücklichsten macht, das Wachstum seines Geistes ist, bleibt nichts als eine große innere Leere zurück: Wir bekommen Angst, werden unglücklich und depressiv.

Die Tatsache, dass sich die physischen Wachstumskräfte irgendwann zurückziehen, ist das wichtigste Naturgesetz des Lebens. Alle Reichtümer dieser Welt können daran nichts ändern. Ja, wir müssen unseren Körper nach und nach abnutzen, wenn wir das Beste, was uns das Leben zu bieten hat, voll ausschöpfen wollen – gerade darin liegt der tiefere Sinn unseres Lebens.

Der Verzicht auf den Traum von ewiger Jugend, von einem glücklichen Leben in materiellem Überfluss, bedeutet also keinesfalls, dass wir «Asketen» werden sollen, die sich nur kasteien und sich jedes Vergnügen versagen. Wenn man Enthaltsamkeit zum Selbstzweck erhebt, läuft man Gefahr, weder körperliche noch geistige Freuden zu erfahren. Enthaltsamkeit nur um der Enthaltsamkeit willen wäre nicht nur völlig sinnlos, sondern auch ein grenzenloser Selbstbetrug. Die Kasteiung des Körpers allein genügt nicht, um größere geistige Schaffenslust zu erzeugen – geistige Erfahrungen macht man nach anderen Gesetzen als die körperlichen. Auf Knopfdruck funktioniert da gar nichts. Nicht deshalb sind viele Frauen und Männer mit zunehmendem Alter geistig immer schöpferischer geworden, weil sie den Körper gemartert haben, sondern weil sie den Geist immer kräftiger gepflegt haben. Der Verfall des Körpers bewirkt von sich aus nur Angst. Wenn er aber als unmittelbare Folge der Freude am geistigen Schaffen erlebt wird, ist er Teil dieser Freude selbst – es ist wie mit der Verzehrung des Wachses bei einem brennenden Docht. Das Schwachwerden des Körpers kann sehr wohl die Wirkung der Bewusstseinsentfaltung sein, niemals aber ihre Ursache.

Wenn wir das Alter als die Jugend des Geistes betrachten könnten, würden die Jüngeren sich tief danach sehnen, alt zu werden. Wir sind dazu gemacht, in jungen Jahren die Natur und im reifen Alter den Geist auszukosten. Doch so groß die Freuden der Natur auch immer sein mögen – die Freuden des Geistes können viel größer sein.

Jüngere können von älteren Menschen lernen, dass ihre Freuden so klein sind wie die Blätter einer gerade aufkeimenden Pflanze im Vergleich zu der mächtigen Krone eines Baumes, der Jahr um Jahr Wind und Wetter getrotzt und dabei die Fähigkeit erworben hat, Menschen und Tiere mit seinen Früchten reichlich zu beschenken. Es sollte älteren Menschen eine Freude sein, den jüngeren zu zeigen, dass man mit sechzig, siebzig oder achtzig Jahren ein Herz haben kann, das so frisch ist wie das Herz eines Kindes, und gleichzeitig einen Geist, der in die tiefsten Geheimnisse des Daseins einzutauchen vermag.

Ein Vater, eine Mutter oder ein Lehrer, die ihre zweite Jugend – das Reifealter – in vollen Zügen auskosten, werden die erste Jugend der ihnen anvertrauten jungen Menschen schön zu gestalten wissen – als Vorbereitung der zweiten, noch viel schöneren Jugend.

Wachstum und Niedergang, Geburt und Tod: das Pendel des Lebens

Die Bedeutung der großen Wende in der Mitte des Lebens lässt sich besser verstehen, wenn wir unser Augenmerk auf ähnlich verlaufende Phänomene, wie zum Beispiel den Rhythmus von Schlafen und Wachen richten. In der ersten

Lebenshälfte werden nämlich, genau wie im Schlaf, jene Kräfte aufgebaut, die in der zweiten Lebenshälfte beziehungsweise im Wachzustand aufgebraucht werden, bis der Mensch sich schließlich wieder der Ruhe hingibt, um sich für einen neuen Tag zu rüsten. Auf- und Abbau, Schlafen und Wachen, Leben und Bewusstsein können mit den Ausschlägen eines Pendels verglichen werden. Diese rhythmische Pendelbewegung kennzeichnet viele Lebensprozesse. Werden beispielsweise die Körperfunktionen intensiv gepflegt, sinkt zur gleichen Zeit die intellektuelle Tätigkeit.

Wenige Menschen haben ihren Körper in so hohem Maße beansprucht wie Franz von Assisi. Er behandelte ihn wie ein Nutz- oder Lasttier und pflegte ihn neckisch als «Eselchen» zu bezeichnen, das ihn treu durchs Leben trug und ihm dazu verhalf, den Freuden des Geistes so viel wie nur möglich zu frönen.

Auch in der Kunst finden sich Beispiele für diesen Zusammenhang, etwa Botticellis «Die Geburt der Venus». Dass sie ein wenig schmächtig aussieht, ist auch darauf zurückzuführen, dass intensive Liebe körperlich zehrt. Hätte Botticelli seiner Venus mehr Rundungen mitgegeben, wäre dies nicht zum Ausdruck gekommen.

Über das «richtige» Verhältnis zwischen dem Auf- und dem Abbau von Lebenskräften lässt sich keine allgemein gültige Aussage treffen, es ist von Mensch zu Mensch anders. Jeder muss für sich selbst herausfinden, wie er das Gleichgewicht zwischen beiden Seiten finden kann. So können wir uns etwa darüber, ob Franz von Assisi seinen Körper möglicherweise überstrapaziert hat, kein Urteil erlauben, denn sein Lebensweg gilt nur für ihn und kann von einem Außenstehenden nicht beurteilt werden. Was für den einen Menschen gut ist, muss für einen anderen noch lange nicht gut sein. Eines ist sicher: Würden wir uns ununterbrochen dem Aufbau von Lebenskräften widmen, so würde uns das Beste des Lebens verlorengehen. Andererseits würde ein übermäßiger Verbrauch zur baldigen Erschöpfung aller Vorräte führen.

Wenn jemand ein paar Monate lang gefastet oder sich abgerackert hat und sich infolgedessen ein wenig müde und ausgezehrt fühlt, wird er sich irgendwann sagen: «Jetzt ist es an der Zeit, wieder mehr zu essen und länger zu schlafen!» Wichtig ist, dass er selbst diese Entscheidung trifft. Das kann kein anderer für ihn tun, weil das richtige Gleichgewicht zwischen Auf- und Abbau bei jedem Menschen ein anderes ist.

Dieses Gleichgewicht verschiebt sich zudem im Laufe der Jahre. Mit zwanzig hat man einen anderen Energiehaushalt als mit sechzig. Als junger Mensch möchte man vielleicht Kinder bekommen, um anderen Individualitäten ein Leben auf der Erde zu ermöglichen. Von einer alten Mutter, deren Körper noch dazu von Askese gezeichnet wäre, möchte wohl kein Mensch zur Welt gebracht werden. Wie sollte sie ihr Kind mit Lebensenergie versorgen können, wenn ihre Kräfte gerade noch für sie selbst ausreichen? Wie müssten sich andererseits jüngere Menschen vorkommen, wenn die Älteren mit siebzig noch die gleichen physischen Kräfte hätten wie mit zwanzig? Vermutlich fänden sie es sehr befremdlich, Eltern oder gar Großeltern zu haben, die ihnen an Jugend und Kraft in nichts nachstünden.

Gäbe es im Leben keine Wende zum körperlichen Niedergang, wollte niemand von der äußerlichen Bühne des Lebens abtreten und den Jüngeren Platz machen. Wem es gelingt, im Reifealter aus geistigen Genüssen zunehmend Freude zu schöpfen, wem die Pflege der Erkenntnis und der Umgang mit dem Göttlichen immer wichtiger werden, der wird mehr als glücklich sein, jungen Menschen all das zu überlassen, was sie ohnehin besser können. Diesen muss es auch gestattet sein, die für sie vorgesehenen Erfahrungen zu sammeln.

In der Art und Weise, wie das menschliche Leben aufgebaut ist, verbirgt sich eine «übermenschliche», unser Vorstellungsvermögen bei Weitem übersteigende Weisheit, von der wir uns jedoch unwiderstehlich angezogen fühlen. Dies macht es möglich, der Wende in der Mitte unseres Lebens einen positiven Sinn abzugewinnen und voll Dankbarkeit die inneren Wachstumsmöglichkeiten, die sie uns bietet, zu erkennen und zu ergreifen.

Lebenssaat und Lebensernte

Der Same, den ich heute säe, wird allmählich zu einer Pflanze, die zu einem späteren Zeitpunkt Früchte trägt. Dies gilt auch im menschlichen Leben. Dabei ist es wichtig, sich bewusst zu machen, dass Ursache und Wirkung nicht immer unmittelbar aufeinander folgen, auch wenn die moderne Wissenschaft es gerne so sehen möchte.

Das Verhältnis von Ursache und Wirkung, wir haben es gesehen, ist in der Biografie ein ganz anderes als in der Mechanik. Jeweils zwei Phänomene stehen im Leben miteinander in engerem Zusammenhang: In der ersten Lebenshälfte finden sich überwiegend Ursachen, in der zweiten Auswirkungen. Bis ungefähr zu seinem fünfunddreißigsten Lebensjahr sät der Mensch mehr, als er erntet. Die zweite Lebenshälfte ist vorwiegend Erntezeit. Dies soll anhand einiger konkreter Beispiele näher erläutert werden.

Wenn ein Mensch beispielsweise in seiner Kindheit viel Neid erlebt, entstehen in seiner Seele im Laufe der Zeit Kräfte, die ihn dazu drängen, alle und alles zu kritisieren. Mit seiner Kritik versucht er, ein tief verwurzeltes Gefühl von Minderwertigkeit zu verdecken. Eine ausgeprägte Neigung zu Neid und Kritik in der ersten Lebenshälfte führt in der zweiten zu starker Unsicherheit, zu mangelnder Selbstständigkeit sowie zu Abhängigkeit vom Rat oder vom Urteil anderer. Das Gesetz von Ursache und Wirkung greift hier mit der gleichen Unbedingtheit wie ein Naturgesetz. Neidgefühle sind bis zu einem gewissen Grad natürlich etwas vollkommen Normales. Alle Menschen sind irgendwann einmal neidisch. Wer hätte nicht gern immer und überall Erfolg? Wem macht es nichts aus, auf einem Gebiet zu scheitern, auf dem man sich jede erdenkliche Mühe gegeben hat? Aber Neid ist nicht gleich Neid. Wenn der Neid einen Menschen dazu anspornt, dem guten Beispiel eines anderen Menschen nachzueifern, kann er dadurch nur gewinnen. Wenn er aber wünscht, der andere möge vom Schlag getroffen werden, er möge seine herausragenden Fähigkeiten einbüßen, dann wird er im Laufe seines Lebens immer unsicherer und unselbstständiger werden. Wer dazu neigt, bei seinen Mitmenschen immer nur das Schlechte zu sehen, wenn nicht sogar zu wünschen, hat bei sich selbst noch nicht genügend Gutes entdeckt. Ist jemand mit fünfzig oder sechzig immer noch nicht in der Lage, selbst Entscheidungen zu treffen, benötigt er ständig Rat von anderen, ist dieses auf Kräfte zurückzuführen, die das Ergebnis tief empfundener, über lange Zeiträume hinweg gehegter Neidgefühle sind.

Über solche offenbaren Geheimnisse der Biografie Bescheid zu wissen, ist für Eltern und Erzieher von allergrößter Bedeutung. Eine Lehrerin, die um diese Zusammenhänge weiß, wird beispielsweise ihr Möglichstes tun, um aufkommenden Neidgefühlen bei einem ihr anvertrauten Kind die Grundlage zu entziehen, um damit sein Vertrauen in sich selbst zu stärken, sodass es sich an den Gaben oder Talenten anderer erfreuen kann, als wären es seine eigenen. Damit schafft sie die Voraussetzung dafür, dass dieses Kind im Erwachsenenalter über ein gesundes Maß an innerer Sicherheit, an Selbstvertrauen verfügt.

Aus diesem Zusammenhang wird ersichtlich, welch große Verantwortung Eltern und Erzieher für Kinder und Jugendliche tragen. Ein verantwortungsvoller Erzieher sollte über solche psychischen Ursache-Wirkungs-Verhältnisse genau Bescheid wissen. Er sollte wissen, was aus einem neiderfüllten Kind im Alter wird, und er sollte Mittel und Wege kennen, diesem Kind bei der Überwindung seiner Neidgefühle zu helfen. Dass er sich zuvor selbst von jeder Missgunst befreien muss, liegt auf der Hand.

Die positive Kehrseite des Neids ist das Wohlwollen, die Freude am Erfolg anderer, die Fähigkeit, allen immer nur das Beste zu wünschen. Wer schon als junger Mensch für seine Mitmenschen nur das Beste will, wer sich an ihrem Glück und an ihren Begabungen freut – weil ja alle Menschen nur Vorteile aus den Talenten ihrer Mitmenschen ziehen können –, dem wird in der zweiten Lebenshälfte so gut wie alles gelingen. Grund dafür ist eine tief empfundene innere Sicherheit als Wandlung der Kräfte des Wohlwollens.

Ähnlich verhält es sich mit unserem Verhältnis zu Lüge und Wahrheit. Wenn wir als junge Menschen dazu neigen, es mit der Wahrheit nicht so genau zu nehmen, oder zu lügen wann immer es für uns bequem ist, werden wir mit der Zeit moralisch leichtfertig, wir werden auch ernste Dinge nicht mehr ganz ernst nehmen können. In der zweiten Lebenshälfte verwandelt sich die Leichtfertigkeit bezüglich der Wahrheit in Ängstlichkeit. Dies zeigt sich zum Beispiel an Menschen, die anderen nicht mehr in die Augen sehen können.

Positiv hingegen wirkt sich zum Beispiel Zufriedenheit aus. Zufrieden ist, wer nicht ständig das Gefühl hat, zu kurz zu kommen, wer insgesamt innerlich ausgeglichen ist. Es ist ungeheuer wichtig, dass es Eltern und Erziehern gelingt, Kindern und Jugendlichen eine bejahende Einstellung zum Leben zu vermitteln. Zufrieden sein bedeutet, sich darüber klar zu sein, dass das Leben das Schönste ist, was es überhaupt gibt, und dass es sich lohnt, sich jeden Tag auf die Erfahrungen zu freuen, die für uns die Welt bereithält. Wenn man das Glück hat, in einem Klima des Vertrauens in das

Leben, der inneren Zufriedenheit groß zu werden, wird man die Gabe entwickeln, später im Leben allein durch seine Anwesenheit Wohlbefinden und Harmonie um sich herum zu verbreiten. Es ist ein Glück, solchen älteren Menschen zu begegnen. Leider werden die Gelegenheiten dazu heute immer seltener, denn es gibt immer weniger Kinder und Jugendliche, die in einer lebensbejahenden Atmosphäre aufwachsen. Viel zu häufig werden Kinder vorzeitig mit den Problemen des Lebens konfrontiert und davon erdrückt.

Auch die Ehrfurcht, die Fähigkeit, über das Schöne zu staunen und das Gute zu verehren, ist eine wichtige Seelenkraft. Wie glücklich sind die Kinder, denen noch Märchen erzählt werden, deren Eltern den Fernseher ausschalten, um ihre Fantasie mit Geschichten über all das Großartige und Wunderbare dieser Welt zu nähren. Kein Bruchteil der sich dabei entwickelnden Seelenkräfte wird jemals verloren gehen, vielmehr werden sie sich im Laufe des Lebens in die Fähigkeit verwandeln, bis ins hohe Alter jung und lernfähig zu bleiben. Wer als alter Mensch ein frisches Herz und einen jungen Geist besitzen möchte, muss als Kind in einer Welt voller Wunder leben, er muss im Herzen tiefe Dankbarkeit für die unendliche Schönheit der Schöpfung spüren. Eltern sollten ihren Kindern diese Welt deshalb möglichst lange erhalten. Dies sind die besten Voraussetzungen dafür, als Erwachsener immer wieder etwas Neues zu entdecken, immer wieder staunen zu können. Denn die Welt ist eine unerschöpfliche Quelle des Schönen und Wunderbaren.

III.
SCHICKSAL UND CHANCE: DIE ZWEI HERAUSFORDERUNGEN DER FREIHEIT

Die Wahl der Lebensmitte: Freiheit oder Untergang

Wie Wachstum und Niedergang stehen sich auch Schicksal und Freiheit in jeder Biografie als Gegenkräfte gegenüber. Schicksal waltet in allen Ereignissen und Vorgängen, die aus unserer Umgebung auf uns zukommen; Freiheit gilt für alles, was wir der Welt an Neuem hinzufügen. So wie die anfangs aufwärts strebende Bewegung unserer Lebenskurve an einem bestimmten Punkt eine Kehrtwendung macht, um in eine abwärts gerichtete Bewegung überzugehen, so kann das Schicksal im Laufe des Lebens immer mehr in Freiheit übergehen. Die erste Hälfte unseres Lebens ist vor allen Dingen durch schicksalhafte Zusammenhänge geprägt, während in der zweiten Lebenshälfte immer mehr die Möglichkeit hervortritt, unsere Freiheit zu entwickeln, eine Freiheit, welche die Jahre der Reife und des Alters prägen kann.

Natürlich ist man auch mit zwanzig in vielerlei Hinsicht frei, das ändert jedoch nichts an der Tatsache, dass in der ersten Lebenshälfte dasjenige vorherrscht, was mit Natur und Schicksal zusammenhängt, mit dem, was die Wissenschaft unter dem Begriff der «Vererbung» zusammenfasst. Nichts von dem, was wir von der Natur bekommen, haben wir mit unserem alltäglichen Bewusstsein gewählt, wir haben uns nicht frei und bewusst dafür entschieden. Wir finden es in unserem Leben vor und nennen es «Schicksal».

Auf dem Höhepunkt unseres Lebens tritt die Freiheit mehr und mehr in den Vordergrund. Wir werden zunehmend vor die wichtigste Wahl unseres Lebens gestellt: Wir können uns entscheiden, ob wir weiterhin von der «Natur», die von nun an unsere Körperkräfte immer mehr schwinden lässt, abhängig bleiben und dabei einfach nur älter werden, oder ob wir die entgegengesetzte Richtung einschlagen und das freie Schaffen unseres Geistes mit zunehmender Intensität in Anspruch nehmen. Die Abnahme unserer körperlichen Vitalität gibt uns gerade die Möglichkeit, wie bereits angedeutet, unsere geistig-intellektuellen, künstlerischen und moralischen Fähigkeiten, die in uns bis dahin zum Teil unentdeckt schlummern, weiterzuentwickeln und zu vervollkommnen.

Diese Grundstruktur unserer Existenz erlaubt unserer Freiheit in der zweiten Lebenshälfte eine nahezu unbeschränkte Entfaltung. Diese Freiheit ist nicht so sehr nach außen gerichtet, sie kommt vielmehr in der inneren Entwicklung eines Menschen zum Vorschein. Was ein Dichter in seiner Jugend zu schaffen vermag, ist vor allem eine Gabe der Natur. Die reiferen Werke, die er im Alter hervorbringt, strömen hingegen vermehrt aus der inneren Quelle hervor, die er sich auf dem Weg zur Freiheit selbst erschlossen hat. Die Lebensmitte ist auch in dieser Hinsicht eine Art Wasserscheide, eine biografische Schwelle ohnegleichen. Hier «scheiden sich die Geister» ganz entschieden. Wie Ödipus stehen wir da an einer Weggabelung, an der wir die wichtigste Wahl unseres Lebens treffen: Wir können uns dafür entscheiden, unser Leben weiterhin von den Kräften des Blutes, der Vererbung, beherrschen zu lassen, oder wir können den Weg in die Freiheit wählen. Die inneren Voraussetzungen, von denen diese Entscheidung abhängt, werden im Laufe der ersten Lebenshälfte geschaffen.

Wenn man jung ist, ist es schön, sich von den Naturkräften tragen zu lassen, weil sie uns aufwärts führen, uns stärker werden lassen und uns zu den schönsten Höhenflügen verhelfen. In reiferen Jahren hingegen müssen wir uns immer mehr von der Natur lösen, weil uns die Verbundenheit mit ihr dann nicht mehr «hinaufträgt», sondern ganz im Gegenteil «hinunterzieht», uns immer schwerfälliger macht. Bei zunehmender Körperkraft erlebt der Mensch sein Glück durch den Erfolg im Handeln, mit zunehmendem Alter erlebt er das Glück durch den Erfolg im Denken, durch die guten Gedanken.

Schicksal und Freiheit – oder christlich gesagt: Vater und Sohn

Die göttliche Trinität – Vater, Sohn und Geist – ist eine zentrale Vorstellung des christlichen Glaubens. Auch wenn es manchen Leser überraschen mag: Alles bisher über die Biografie Geäußerte ist aufs Engste mit dieser Vorstellung verbunden – und diese Verbindung erlaubt es uns, tiefer in die Geheimnisse des menschlichen Lebenslaufes einzudringen. Der Sinn der christlichen Unterscheidung zwischen Gott, dem Vater, und Gott, dem Sohn, liegt vor allem darin, den

Zusammenhang von Schicksal und Freiheit, diesen magischen Schlüssel zum Verständnis des Lebens, immer klarer ins Bewusstsein zu holen. Vater *und* Sohn heißt: Das, worauf das Leben sich gründet, ist nicht ein Einfaches, sondern ein Zweifaches.

Das Christentum nennt die Gottheit, die in der Natur am Werk ist, in all dem, was mit unserem physischen Körper zusammenhängt, den göttlichen Vater. Da haben die Naturgesetze und -kräfte die führende Rolle inne. Das Wirken des Vaters erleben wir in all dem, was uns das Schicksal schenkt beziehungsweise auferlegt. Der Begriff des Sohnes umfasst hingegen alles dasjenige, was die Gottheit unserer Freiheit überlässt, was wir frei gestalten können, was wir aufgrund unserer eigenen Initiative für uns erobern können.

Aus diesen beiden – Vater und Sohn – werden im Laufe der Evolution drei: Sie werden zu einer Trinität. Weil uns der Sohn alles zur Verfügung stellt, was wir brauchen, um unser Schicksal immer freier zu gestalten, machen wir zunehmend die Erfahrung, dass wir etwas Ureigenes hervorbringen können, etwas, was vorher noch nicht da war. Diese Erfahrung wird im christlichen Sprachgebrauch «Heiliger Geist» genannt. Das ist der Geist in uns, der uns von jener Befangenheit heilt, die allen Naturwesen eigen ist. Der uns heilende Geist ist die freie, individuelle Schöpferkraft, die hier und jetzt in jedem einzelnen Menschen am Werk ist. Dieser Geist ist nichts anderes als unser höheres Ich, von dem bereits wiederholt die Rede war.

Es gibt unendlich viele Bereiche im Leben, in denen wir vollkommen frei sind, wenn wir nur wollen. Wer unbedingt gerade dort frei sein will, wo es einfach nicht möglich ist – denken wir beispielsweise an den armen Ikaros, der sich Flügel aus Federn und Wachs baute, weil er wie ein Vogel fliegen wollte und dann der Sonne zu nahe kam –, sucht im Grunde genommen nur eine Ausrede dafür, dass er seine Freiheit nicht dort ausübt, wo sie möglich wäre. Kein Fisch hat sich jemals darüber beklagt, dass er sich nicht in die Lüfte erheben kann. Alle Fische genießen die Freiheit, die sie im Wasser haben, und sie reicht ihnen vollkommen aus.

Wenn wir unsere Erfahrungen aufmerksam betrachten und ein wenig über ihren Sinn nachdenken, können wir feststellen, wo und wann der «Vater» in unserem Leben die führende Rolle spielt und wo und wann uns der «Sohn» Freiräume eröffnet. Wenn Gott als Sohn wirkt, wird unsere Freiheit wichtiger als alles, was er selbst als Gott vollbringt. Wenn ein Kind seine ersten stammelnden Versuche im Sprechen macht, wenn es seine ersten Worte sagt, werden alle Worte der Erwachsenen auf einmal bedeutungslos. Der Sohn räumt jedem Menschen die Möglichkeit ein, den Geist auf seine Art und Weise zu erfahren. Sein geistiges Ich soll da mehr und mehr seine Wirksamkeit entfalten.

Drei bedeutsame Begegnungen

Es gibt in der Biografie jedes Menschen drei Schlüsselbegegnungen mit dem Göttlichen beziehungsweise mit dem Geistigen. Diese Begegnungen sind heutzutage wichtiger denn je, und die Aufgabe vor allem der zweiten Hälfte des Lebenslaufes, die Aufgabe unseres gewöhnlichen Ich, besteht darin, ihren biografischen Sinn immer mehr ins Bewusstsein zu holen.

Die Begegnung mit dem Geist

Die erste Begegnung findet jede Nacht statt. Es ist die Begegnung mit unserem individuellen Genius, mit dem geistigen Ich, das unseren Lebensplan voll Weisheit entworfen hat. Während des Schlafes pflegen wir alle, ohne es zunächst zu wissen, eine enge Beziehung zu unserem göttlichen Ich – das ist unsere persönliche Erfahrung des Heiligen Geistes – und nehmen, ebenfalls unbewusst, daraus die höchsten Ideale für unser Leben mit herüber in den Tag, in den Wachzustand.

Die schönsten Inspirationen, die besten Anregungen für unseren Alltag, verdanken wir nicht dem Scharfsinn des Wachzustandes, sondern diesen regelmäßigen nächtlichen Begegnungen, diesem jede Nacht stattfindenden, belebenden und beseelenden Eintauchen in die geistige Welt. Es ist, als ob das geistige Kräftereservoir unserer Seele, das während des Tages durch die Anforderungen der harten Wirklichkeit verbraucht wird, Nacht für Nacht wieder aufgefüllt würde. Dies geschieht durch eine unbewusst stattfindende Zwiesprache mit unserem wahren Ich und seinem engsten Freund, unserem «Schutzengel», der für uns den «Heiligen Geist» vertritt. Dieser nächtlichen Zwiesprache verdanken wir die glückliche Tatsache, dass wir trotz der schon lange andauernden Herrschaft einer materialistischen Kultur noch nicht gänzlich von der materiellen Welt abhängig geworden sind. Dieser regelmäßigen Begegnung mit dem göttlichen Geist verdanken wir, dass wir sowohl als einzelne Menschen wie auch als Menschheit insgesamt noch über hohe Ideale verfügen können, dass unser Streben zum Geistigen noch nicht ganz erloschen ist.

Die Begegnung mit dem Sohn

Die zweite Begegnung mit dem Göttlichen findet einmal im Jahr während der zwölf kürzesten Tage statt oder, besser gesagt, während der zwölf längsten Nächte des Jahres. Während der Weihnachtszeit ist der Mensch tiefer mit der Erde verbunden, weil zu jener Zeit alle geistigen Wesen der Naturreiche von ihren mit der Vegetation verbundenen Aufgaben befreit werden und sich ins Erdinnere zurückziehen.

In den zwölf heiligen Nächten, von Ende Dezember bis Anfang Januar, findet im Lebenslauf jedes Menschen eine bedeutsame nächtliche Begegnung statt, die uns in Zukunft immer bewusster werden soll: die Begegnung mit dem göttlichen Sohn, dem Christus, dem gemeinsamen Geist aller Menschen, dem höheren Ich der Menschheit. So wie wir jede Nacht unserem individuellen Geist begegnen, so begegnen wir einmal im Jahr dem Geist, der uns alle als Menschen miteinander verbindet. In diesen Nächten erleben wir uns eingegliedert in diesen großartigen, die gesamte Menschheit umfassenden geistigen Organismus, in dem die Einzelleben aller Menschen ineinander verwoben sind.

Die Begegnung mit dem Vater

Die dritte Begegnung findet nur einmal in jeder Biografie statt, um das fünfunddreißigste Lebensjahr herum. Es ist die Begegnung mit der Gottheit, die in den Naturkräften wirkt, die Begegnung mit dem Vatergott.

Diese Begegnung mit dem Vater allen Daseins – wir könnten natürlich genauso gut von der «Mutter Natur» sprechen – findet auf dem Höhepunkt der physischen Entwicklung des Menschen statt. Es ist die entscheidende Begegnung mit dem Geist, der in aller Natur am Werk ist. Sie eröffnet uns die Möglichkeit, den übergreifenden Sinn unseres Lebens zu erkennen. Durch sie verstehen wir, welche Rolle jene Umstände und Gesetzmäßigkeiten in unserer persönlichen Entwicklung spielen, die wir uns nicht ausgesucht haben, all das, was im Menschenleben zur Naturnotwendigkeit gehört.

Auch diese Begegnung mit der Gesamtheit der Naturkräfte erleben wir zunächst unbewusst oder, wenn man so will, in einem höheren als dem alltäglichen Bewusstseinszustand. Wenn wir jedoch unsere Denkkräfte immer weiter ausbilden, wird es in der Zukunft immer mehr Menschen geben, die über die Fähigkeit verfügen, in ihrer Lebensmitte die Mysterien der Natur, des physischen Körpers und all dessen, was zum Schicksal des Menschen gehört, bewusst zu durchschauen. Das ist, was die christliche Überlieferung meint, wenn sie sagt: «Der Vater sendet den Sohn.» Es bedeutet nichts anderes, als dass die bloße Natur als solche für den Menschen ohne Sinn wäre, dass sie ohne das, was der

Mensch ihr aus freien Stücken hinzufügen soll, unvollständig bliebe. Deshalb will sie sich öffnen, um der Freiheit des Menschen Raum zu geben. Alles, was Natur ist, erhält erst seinen wahren Sinn, wenn der Mensch es in eine Erfahrung seiner Freiheit verwandelt. Einfacher ausgedrückt: Alles, was ich in mir und um mich herum fertig vorfinde, all die herrlichen Dinge, welche die Natur mir schenkt, haben nur dann einen Sinn, wenn sie mir als Werkzeug dienen, um immer selbstständiger und schöpferischer in meinem Geist zu werden.

Wer in Ehrfurcht vor der Welt aufgewachsen ist, wer Sinn für die Majestät und die Schönheit der Natur entwickelt hat, von der er selbst ein Teil ist, wer gelernt hat, staunend vor den tausend Naturwundern zu stehen, die ihn umgeben, wird in der Lebensmitte in der Lage sein, auch die biografische Wende vom Geführtwerden durch die Natur zum freien, geistigen Schaffen zu vollziehen. Er wird mit anderen Worten dem kosmischen Vater und der kosmischen Mutter in der richtigen, ihnen angemessenen Art zu begegnen wissen.

Wenn ein Mensch vor der Vollendung seines fünfunddreißigsten Lebensjahres stirbt, geschieht die Begegnung mit dem Vater in der Todesstunde. Die völlige Auflösung des physischen Körpers – welche die Auferstehung des Geistes erst ermöglicht – findet dann zu einem Zeitpunkt statt, an dem die Lebenskräfte noch im Überfluss vorhanden sind. Bei einem vorzeitigen Tod kann die Begegnung mit dem Vater daher besonders intensiv sein, weil der Gegensatz zwischen dem alles zerstörenden Tod und dem noch jungen Leben äußerst groß ist. Aristoteles behauptet, der Mensch sei dadurch unsterblich, dass er sich an seinen eigenen Tod erinnern und in Ewigkeit auf das Ende seines Erdenlebens zurückblicken könne. Wem das Schicksal einen frühen Tod abverlangt, der erkennt in seinem Tod den eigenen überbewussten Willen, einen noch vor Lebenskraft strotzenden Körper zu zerstören, um einer größeren Freiheit in der geistigen Welt entgegenzuleben. Auf diese Weise begegnet auch er im Augenblick seines Todes dem Mysterium der durchgeistigten Natur, das alle Menschen verbindet.

Vergangenheit und Zukunft – Schicksal und Freiheit

Wollte man die in jedem Menschenleben wirkende Wechselbeziehung von Schicksal und Freiheit in einen einzigen Satz zusammenfassen, hieße er folgendermaßen:

> Mein Schicksal ist die Vergangenheit
> meiner eigenen Freiheit.

Dies zu verstehen, ist von allergrößter Wichtigkeit und eine Voraussetzung dafür, den Sinn des menschlichen Lebenslaufes tiefer begreifen zu können. Die westliche Kultur versteht unter Schicksal etwas, was dem Menschen von außen auferlegt wird. In Wirklichkeit wird uns niemals etwas von außen aufgedrängt. Zum einen bin ich heute derjenige, zu dem ich mich selbst auf einem langen Weg entwickelt habe, und zum anderen ist das, was mir widerfährt, immer etwas, was mein geistiges Ich zu meiner Weiterentwicklung selbst aufsucht.

Die ganz besondere Freiheit meines Lebensweges, die schöpferischen Freiräume, die allein mir und keinem anderen zugestanden werden, lerne ich immer besser kennen, wenn ich bedenke, was mir mein ganz persönliches Schicksal alles *ermöglicht,* statt mich über das zu beklagen, was es mir vorenthält. Wenn ich die Türen, die mir offen stehen, als Chancen meiner Entwicklung ernst nehme, werde ich keine Zeit damit verlieren wollen, mich um die Türen zu kümmern, die mir verschlossen sind. Und niemand steht jemals ausschließlich vor verschlossenen Türen.

Was ist, wenn mein Schicksal mir Leid auferlegt und mich immer wieder vor schier unüberwindlich scheinende Hindernisse stellt? Dann hängt alles davon ab, ob es mir gelingt, mich davon zu überzeugen, dass nichts zufällig geschieht, sondern alles, was mir geschieht, sorgfältig von meinem höheren Ich und ausschließlich zu meinem Besten so und nicht anders geplant wurde. Sein Schicksal mit Freuden annehmen heißt zu akzeptieren, dass man im Leben nicht alles haben kann. Alles haben zu wollen, würde nämlich bedeuten, niemals eine Wahl zu treffen und so letztlich mit leeren Händen dazustehen. Doch jeder von uns trifft immer wieder eine Wahl und die Summe dieser Entscheidungen ist sein Schicksal, das, was ihn an den Punkt gebracht hat, an dem er heute steht. Jeder hat sich selbst zu dem gemacht, was er heute ist. Wichtig im Leben sind nicht die Dinge, die man aufgrund seiner in der Vergangenheit getroffenen Entscheidungen nicht erleben oder verwirklichen konnte, sondern diejenigen, die man im gegenwärtigen Augenblick erleben und verwirklichen kann.

Meine Freiheit liegt in all dem, was ich *ab jetzt* frei entscheiden und aus mir machen kann. Mein Schicksal ist die Summe all dessen, was ich in Freiheit durchgemacht habe. Bei jeder Wahl, die ich in der Vergangenheit getroffen habe, war ich frei. Wenn ich jetzt nicht mehr frei bin, anders geworden zu sein, so bin ich doch immer frei, anders zu werden. Mein Schicksal ist meine schon ausgeübte Freiheit und meine Freiheit ist das, was ich ab jetzt aus mir machen kann. Was kann man mehr vom Leben verlangen?

Der Mensch ist immer auf dem Weg zum Glück

Jeder Lebenslauf ist der jeweils kürzeste Weg zum Glück. Und unser Glück wird umso größer, je mehr wir uns die Sichtweise unseres höheren Ich zu eigen machen und dadurch unsere innere Spaltung überwinden. Die beste und wirksamste innere Reinigung besteht darin, die Sichtweisen unserer beiden Iche immer tiefer miteinander in Einklang zu bringen, und das wiederum bedeutet, den Blick unseres gewöhnlichen Ich von allen trübenden Nebelschleiern zu befreien.

Dies scheint ein langes, mühevolles Unterfangen zu sein, und mancher stellt sich vielleicht die Frage, warum immer wir uns mit unserem höheren Ich arrangieren müssen. Könnte unser höheres Ich nicht auch einmal – nur ein einziges Mal! – versuchen, sich mit uns zu arrangieren? Die Antwort lautet schlicht und einfach: Nein. Weil unser höheres Ich immer im Recht ist, weil sein Wille immer das Gute für uns bezweckt, kann die Rechnung immer nur aufgehen, wenn wir uns mit ihm einverstanden erklären, niemals umgekehrt. In unserem normalen Bewusstsein wissen wir kaum, was für uns wirklich gut ist. Wir können den richtigen Weg nur finden, wenn wir dem weiseren Ich folgen. Nur dann kommen wir mit uns selbst ins Reine, nur dann arbeiten wir nicht gegen unsere wahren Interessen.

Genau genommen haben wir es hier mit zwei verschiedenen Arten von Freiheit zu tun: Die Freiheit des höheren Ich steht höher als die des gewöhnlichen Ich, weil unser höheres Ich immer nur das Gute wählen kann. Es weiß ganz genau, was wir brauchen, es weiß, was gut für uns ist und würde niemals etwas wählen können, was uns zum Schlechten gereicht. Unser gewöhnliches Ich hingegen ist frei, sich sowohl für etwas zu entscheiden, was für uns gut ist, als auch für etwas, was für uns nachteilig ist. Die Freiheit des niederen Ich wählt zwischen gut und böse, die des höheren immer nur zwischen gut und gut oder zwischen gut und besser.

Wenn wir unser Schicksal beklagen, handeln wir gegen unser eigenes Interesse, weil wir uns gegen unseren eigenen höheren Willen aussprechen, der doch nur unser Bestes beabsichtigt. Das Alltags-Ich meint immer wieder wählen zu müssen zwischen dem, was ihm selbst, und dem, was anderen zugute kommt. Die moralische Fantasie des Über-Ich weiß immer eine Handlungsweise zu erfinden, die beiden – mir und dem anderen – gleichermaßen dient, weil es über den dazu nötigen Überblick verfügt. Unser gewöhnliches

Ich hingegen wählt meist das, von dem es meint, es sei das Beste für es selbst, und gibt sich damit bereits zufrieden.

Weil wir mit anderen Menschen zusammenleben, muss unser Lebensplan auch die Wachstums- und Entwicklungsbedürfnisse aller Menschen berücksichtigen, die mit uns verbunden sind. Unser geistiges Ich entwirft unser Leben so, dass es gleichzeitig den bestmöglichen Beitrag zur Entwicklung aller Menschen um uns herum leistet. Es liegt auf der Hand, dass diese Aufgabe eine Genialität erfordert, deren Voraussetzungen wir nicht einmal erahnen können. Die vielseitige Abstimmung, die dazu nötig ist, übersteigt unsere Vorstellungskraft bei Weitem.

Viele Menschen klagen darüber, dass sie gern ein bestimmtes Ziel verwirklichen möchten, aber keine Möglichkeit dazu sehen. Aber was bedeutet es denn, genau betrachtet, wenn mir etwas unmöglich erscheint? Wenn etwas mir hier und jetzt wirklich nicht möglich ist, so bedeutet das nichts anderes, als dass es mich nichts angeht! In Freiheit leben heißt, die Kunst des Möglichen beherrschen. Wenn ich das Unmögliche will, werde ich immer unfreier, weil ich dann meine Kräfte für etwas einsetze, was ich nicht verwirklichen kann.

Viele Menschen setzen sich in den Kopf, ausgerechnet das anzustreben, was ihnen nicht möglich ist oder was sie nicht können. Wenn es ihnen dann doch immer wieder nicht gelingt, ärgern sie sich entweder oder sie entwickeln Schuldgefühle – unnötigerweise, denn das Leben verlangt nie etwas von uns, was jenseits unserer Fähigkeiten liegt, es erlegt uns keine Prüfung auf, die wir nicht bestehen können. Von keinem Menschen wird Unmögliches verlangt. Und zwar schlicht und einfach deshalb nicht, weil es keinen Sinn hätte. Eine objektive Überforderung kann es für keinen Menschen geben. Jeder, der sich überfordert fühlt, täuscht sich selbst, weil er sich für Dinge zuständig macht, die ihn nichts angehen.

Drei wertvolle Geschenke

Unser Lebensschicksal ist vielfach das Ergebnis von drei Reihen von Erfahrungen, die wir im Laufe unseres bisherigen Lebens immer wieder gemacht haben: die Erfahrung unserer *Versäumnisse,* die Erfahrung unserer *Unvollkommenheiten* und die Erfahrung des *Unmöglichen.*

Diese drei Erfahrungen – etwas versäumen, etwas verpfuschen und etwas aufschieben – spielen im Leben jedes Menschen eine wichtige Rolle. Wer von uns kann schon von sich sagen, nichts versäumt oder immer alles gut gemacht zu haben? Wer hat immer alles getan, was er hätte tun können? Und was das zu früheren Zeiten Unmögliche angeht: Die kulturellen Bedingungen, unter denen wir heute leben, eröffnen uns Möglichkeiten, die früheren Generationen nicht zur Verfügung standen – denken wir nur an unsere modernen Transportsysteme, an die Telekommunikation oder an die Welt der Computer.

Worin besteht unsere Freiheit – das, was uns in Zukunft freisteht – in Bezug auf unsere Versäumnisse? Doch darin, dass wir das Versäumte nach Möglichkeit nachholen! Gerade darin liegt der Sinn des Lebens: Wir haben die Möglichkeit, etwas nachzuholen, wenn wir eine zweite Chance erhalten. Sie zu nutzen liegt in unserer Freiheit.

Unser Lebenslauf ist die Summe der Gelegenheiten, die uns geboten werden, um Unvollkommenes zu verbessern und immer wieder neue Erfahrungen zu sammeln. Gelegenheiten zum Nachholen, Möglichkeiten des Ausgleichs und immer neue offene Türen – drei wundervolle Geschenke, die jeder Mensch immer wieder vom Leben erhält, drei Wege, die jeder zu jedem Zeitpunkt einschlagen kann, um auf den unterschiedlichen Ebenen seines Daseins das ihm Mögliche zu vollbringen und sich nach allen Seiten zu entfalten.

Lebensketten sprengen

Obwohl unser höheres Ich uns stets zum Guten anspornt, konzentrieren wir uns allzu oft auf das Negative. Warum ist das so? Denken wir nur an Begriffe wie «Sünde», «Schuld» oder «Strafe», die sich wie ein eisernes Korsett um das Leben vieler Menschen legen und ihnen die Luft zum Atmen nehmen.

Sünde

Das Wort «Sünde» weckt bei vielen, vor allem älteren Menschen, belastende Erinnerungen an ihre Kindheit: «Wehe, wenn du sündigst!», hatten die Eltern immer wieder gewarnt. Überall drohten Sündenfallen, die ängstlich gemieden werden mussten. Doch bei genauerer Betrachtung besteht die einzig wirkliche «Sünde», die ein Mensch begehen kann, darin, dass er sich eine gute Gelegenheit entgehen lässt, dass er etwas Gutes verpasst. Auch das Christentum sagt, wenn wir es richtig verstehen, nichts anderes. Christus ist nicht Mensch geworden, um uns in Angst und Schrecken zu versetzen, weil überall Sünden lauern. Im Gegenteil, es heißt, dass er besonders gern die «Sünder» aufsuchte, weil ihm das Wachstum, die positive Weiterentwicklung aller Menschen am Herzen lag. Ein offensichtlicher Sünder hat eher eine Chance, besser zu werden, als ein vermeintlicher Heiliger.

Schuld

Ich habe irgendetwas falsch gemacht und schon kommen die Schuldgefühle. Wozu soll das gut sein? Damit füge ich doch zu dem schon vorhandenen Problem nur noch ein weiteres hinzu. Jede Schuld ist buchstäblich etwas, was ich mir oder anderen schulde, also etwas, was ich zurückzahlen, begleichen kann. Aber in erster Linie bin ich mein eigener Schuldner, ich schulde mir selbst ein gutes Leben und nur dadurch kann ich auch anderen das geben, was ich ihnen schulde. Sobald ich mit mir selbst im Reinen bin, komme ich auch mit dem Rest der Welt zurecht. Mein Lebensschicksal wird mir immer wieder Gelegenheit geben, meine Schulden zu begleichen. Mit Schuldgefühlen, die ich mir selbst oder anderen gegenüber empfinde, kann ich nichts begleichen, im Gegenteil: Damit mache ich mich nur handlungsunfähig.

Strafe

Als ob die Angst vor der Sünde und die lästigen Schuldgefühle nicht ausreichten, kommen obendrein noch Strafandrohungen. «Jemand, der etwas getan hat, das den Regeln widerspricht, muss bestraft werden. Sonst tut er es doch wieder oder andere nehmen sich ein Beispiel an ihm», lautet die allgemeine Auffassung. Wozu immer wieder diese Nackenschläge? Selbst wenn ich noch so sehr danebengehauen und noch so viele Dummheiten gemacht habe – werde ich durch Strafe etwa besser? Muss den Gehirnen, die sich einen Gott ausgedacht haben, der nur darauf wartet, dass wir etwas falsch machen, um uns sogleich zu bestrafen, nicht ein schwerer Denkfehler unterlaufen sein? Einen solchen Gott können wirklich nur Wirrköpfe erfunden haben. Wie unsinnig ist doch die Idee, dass ein Gott der Liebe erst Wesen erschafft, die immer wieder Fehler machen, um sie dann für diese Fehler zu bestrafen!

Zufall oder Glücksfall?

Wie der strafende Gott, der die Menschen in der Hölle schmoren lässt, der falsche Gott jener Kirchenmänner ist, die die Liebe nicht verstehen, so ist der blinde Zufall der tückische Gott jener Wissenschaftler, die den Geist nicht kennen. Beiden «Göttern» gemeinsam ist die uneingeschränkte Herrschaft, die sie über den Menschen ausüben sollen. Dem

Menschen bleibt unter diesen Umständen nichts anderes übrig, als sich wie ein nichtswürdiger Wurm vorzukommen, der auf Schritt und Tritt Gefahr läuft, zertreten zu werden – ob von einem strafenden Gott oder aus blindem Zufall macht da keinen Unterschied.

Was den blinden Zufall betrifft, so ist dieser bei genauer Betrachtung nichts anderes als ein «Loch» im menschlichen Denken. Überall da, wo der Mensch sich irgendetwas nicht erklären kann, springt der Zufall ein. Wenn man das Wie und Warum von etwas nicht kennt, heißt es, das sei eben zufällig so gekommen. Was der Teufel und der Zufall gemeinsam haben, sind die Löcher in der Entwicklung! Die Wissenschaft lässt nur Naturgesetze gelten, nur die ewige Wiederkehr des Gleichen. Etwas gilt für sie nur dann als bewiesen, wenn es sich tausendmal auf gleiche Weise wiederholt. Was kann eine solche Wissenschaft mit einer menschlichen Biografie anfangen, in der sich nichts auf gleiche Weise wiederholt und die ganz anders aussieht als jede andere Biografie?

Nehmen wir an, zwischen zwei Menschen, die sich zum ersten Mal treffen, entsteht eine dauerhafte Freundschaft, die für das Leben beider von großer Bedeutung ist. Bis zum Augenblick ihrer Begegnung lag ihre Beziehung in den Händen des Schicksals, ihres wahren Ich, das jedoch in seinem Wirken alles andere als «blind» oder «zufällig» ist. Nun, da sie sich kennengelernt haben, liegt es immer mehr an ihnen, an ihrer freien Entscheidung, wie sie ihre Beziehung weitergestalten. Dem überbewussten Ich der beiden, das bisher sozusagen hinter den Kulissen gewirkt hat, ist es ganz recht, nach der Begegnung dem gewöhnlichen Ich so viel Verantwortung wie möglich abzutreten. Bevor die beiden einander kannten, musste das Schicksal für ihre Begegnung sorgen. Vielleicht wurde der eine in China, der andere in Deutschland geboren, aber keiner der vielen Schritte, die sie gingen, bevor sie sich kennenlernten, war zufällig. Ihre Wege waren vom Schicksal vorgezeichnet, jeder der beiden folgte der Führung seines geistigen Ich, das ihn weisheitsvoll bis zu jenem Tag und an jenen Ort brachte, wo er den anderen traf. Vor dieser Begegnung gab es ihre Beziehung nur auf der Ebene des höheren Ich. Die Begegnung diente dazu, all das ins Bewusstsein zu holen, was der eine für den anderen in dessen Überbewusstsein bereits war.

Die zwei Biografien von Galileo Galilei

Rudolf Steiner sprach einmal, in einem am 25. November 1916 gehaltenen Vortrag, davon, dass es nicht nur eine, sondern zwei Biografien von Galileo Galilei gibt. Die eine ist allgemein bekannt, die zweite hingegen kennt so gut wie niemand. Auf den ersten Blick könnte man meinen, es handle sich um die Biografien von zwei ganz verschiedenen Menschen, zumal Steiner zunächst keinen Namen nannte. Aber da ich weiß, dass meine neugierigen Leser und Leserinnen ohnehin sofort weiterblättern und nach dem Namen suchen würden, verrate ich ihn lieber gleich.

Galilei war ein großer Mathematiker und ein hervorragender Physiker, außerdem Astronom und Philosoph – kurz, er war in jeder Hinsicht ein Genie, eine Tatsache, deren er sich (was vielleicht nicht unbedingt für ihn spricht) durchaus bewusst war. Seine Biografen widmen der familiären Herkunft Galileis seit jeher ihre besondere Aufmerksamkeit und wissenschaftliche Neugier. Dabei heben sie auch immer wieder gern sowohl die (zweifellos auf den Sohn vererbte) Vielseitigkeit von Galileos Vater als auch dessen stark ausgeprägten Eigen- oder gar Starrsinn hervor – die Wohlmeinenderen unter ihnen sprechen von einem eisernen Willen. Vater Vincenzo liebte die Musik, verfügte über hervorragende Kenntnisse in Geometrie und Mathematik und war nicht zuletzt ein äußerst erfolgreicher Kaufmann. Sein Eigensinn oder Starrsinn, seine Hartnäckigkeit oder sein starker Wille, ganz wie man will, zeigte sich unter anderem in einem Buch über Musik, das er als junger Mann schrieb, um seinem Lehrer – einem Musiklehrer, wohlgemerkt – eine Lektion zu erteilen. Der Lehrer antwortete darauf seinerseits mit einem Buch, worauf Vincenzo ein weiteres Buch verfasste, in welchem er zeigte, dass er keine Haare auf den Zähnen hatte, auch wenn der eine oder andere dies vielleicht annehmen könnte. Dieses zweite Buch widmete Vincenzo dem einzigen Menschen, dem er es sinnvollerweise widmen konnte – seinem Musiklehrer!

Doch zurück zu Vincenzos Sohn und Erben: Galileo erhielt sowohl in den alten Sprachen als auch in den modernen Wissenschaften eine ausgezeichnete Ausbildung. Seine außerordentliche Begabung für Mathematik und Mechanik zeigte sich bereits früh, denn schon als junger Mann erfand er allerlei Maschinen und Geräte, von denen damals noch kein anderer auch nur zu träumen gewagt hätte. Die Medizin seiner Zeit reizte ihn nicht, dafür aber umso mehr die Philosophie. Schon bald versuchte er es mit Aristoteles aufzunehmen, dem größten aller Meister. Dass dieser immer recht behalten sollte, ja dass es zu jener Zeit noch nicht einmal erlaubt war, die aristotelischen Lehren auch nur infrage zu stellen, gefiel Galileo Galilei ganz und gar nicht.

Obwohl der Vater, der sich durch seinen nicht gerade einfachen Charakter bei vielen unbeliebt gemacht hatte, nicht Geld wie Heu für die Ausbildung des Sohnes zur Verfügung hatte, erhielt Galileo dank seiner außerordentlichen Begabung einen Lehrstuhl für Mathematik. Er konnte sein mageres Gehalt zudem durch die Behandlung von Patienten aufbessern. So ging es ihm eigentlich recht gut – bis eines Tages eine Schrift veröffentlicht wurde, deren Verfasser kein Geringerer war als der Sohn seines Arbeitgebers, des Großherzogs der Toskana. Es ging darin um ein öffentliches Projekt, und Galileo Galilei konnte nicht umhin, schriftlich und ohne Umschweife darzulegen, dass man es hier mit dem Werk eines Stümpers zu tun habe, das mit Fehlern nur so gespickt sei. Zweifellos hatte er recht, er musste jedoch einsehen, dass man nicht immer die Wahrheit sagen kann, ohne dafür teuer zu bezahlen. Und das Schicksal traf ihn hart, denn er musste seine Professur in Pisa aufgeben und fliehen. Zwar gelang es ihm noch einmal, Professor zu werden, diesmal in Padua, und er hoffte auch, in der Republik Venetien endlich freiere Luft atmen zu können, aber wie sollte ein Mensch wie Galileo Galilei auf Dauer in Frieden leben?

Da waren zunächst seine finanziellen Probleme, denn das wenige Geld, das ihm zur Verfügung stand und mit dem er nach dem Tode des Vaters auch noch Mutter und Geschwister unterhalten musste, reichte nicht aus, um all die wissenschaftlichen Versuche durchzuführen, die er im Kopf hatte. Dann legte er sich, wie schon erwähnt, trotz aller Verbote mit Aristoteles an und bewies, dass das Nervensystem seinen Ausgangspunkt nicht im Herzen, sondern im Kopf hat. Weiter trat er mit seinen Gesetzen vom freien Fall – die entsprechenden Versuche soll er auf dem schiefen Turm von Pisa gemacht haben – auf den Plan und verteidigte obendrein auch noch mit großer Leidenschaft das von der Kirche verdammte kopernikanische System. Übrigens beruht die bekannte Überlieferung, nach der Galileo, um seine Haut zu retten, seine Aussage vor der Inquisition widerrufen und dann «und sie (die Erde) bewegt sich doch» gesagt haben soll, laut Steiner auf einer freien Erfindung des Klerus. Kurzum, jemand, der so genial und erfinderisch war, dass er den Ärger und den Neid so vieler Menschen erregte, die sich durch ihn gezwungen sahen, die Sessel, an denen sie klebten, mit aller Kraft verteidigen zu müssen, konnte kaum damit rechnen, in Ruhe zu leben.

Galilei erzählte einmal einem Freund, er habe, während er in Padua lehrte, eines Nachts geträumt, er laufe über glühende Kohlen. Das Feuer – das wusste er im Traum – sei vom brennenden Dom von Pisa ausgegangen. In der Tat fiel der Dom von Pisa, der «treulosen Stadt», die er hatte verlassen müssen, in jener Nacht den Flammen zum Opfer – der Dom mit der berühmten Lampe, der er seine Pendelgesetze verdankte.

Eines Tages war Galilei es leid, so viel seiner wertvollen Zeit mit Privatstunden vergeuden zu müssen, nur um sein Gehalt aufzubessern. Der inzwischen Sechsundvierzigjährige, also schon weit in seiner zweiten Lebenshälfte Stehende, nahm seinen ganzen Mut zusammen und schrieb einen reichlich schmeichlerischen Brief an den Großherzog seiner schönen toskanischen Heimat, in welchem er untertänigst um eine Stelle bei Hofe bat. Wahrscheinlich hielt er es für lohnend, ausnahmsweise seinen Stolz einmal zurückzunehmen, da ein in Saus und Braus lebender Herzog sicherlich mehr zu zahlen bereit war als eine Republik. Galilei schreibt darin unter anderem, er arbeite gerade an drei wichtigen wissenschaftlichen Werken, die mit Sicherheit nicht nur ihm selbst, sondern auch demjenigen zu Ruhm und Ehre gereichen würden, der bereit sei, ihm die zur Fertigstellung nötige Zeit und das notwendige Geld zur Verfügung zu stellen. Anschließend beschreibt Galilei seine technischen Erfindungen und beteuert, eine einzige von ihnen müsse eigentlich schon ausreichen, um einen intelligenten Prinzen umgehend dazu zu bewegen, der großzügige Mäzen eines solchen Wissenschaftlers zu werden. (Andere Wissenschaftler, so fügt er sinngemäß hinzu, erfreuten sich des Wohlwollens von Prinzen, obwohl ihre Erfindungen längst nicht so wertvoll seien wie die seinen.)

Der Brief erzielte tatsächlich die erhoffte Wirkung, und Galilei wurde an den Hof des Großherzogs berufen, wo er sich seinen Forschungen und Studien widmen konnte. Die Kirche hegte jedoch mittlerweile einen solchen Hass gegen Galilei, dass es dem Großherzog bald nicht länger möglich war, sich offen für seinen als Ketzer verschrieenen Schützling einzusetzen (der noch dazu mit einer gewissen Marina Gamba in wilder Ehe lebte und drei Kinder mit ihr hatte), ohne seine Beziehungen zum Klerus ernstlich aufs Spiel zu setzen. So kam es, dass Galileo Galilei schließlich auch von seinem Großfürsten, der am Ende nichts mehr von ihm wissen wollte, im Stich gelassen wurde und es mit ihm ein trauriges Ende nahm.

Ist diese Lebensbeschreibung die einzige und wahre Biografie Galileo Galileis?

Steiner ist der Auffassung, jeder Mensch habe grundsätzlich nicht eine, sondern zwei Biografien: Die eine enthält alles, was ein Mensch hinaus in die Welt trägt, das, was er für die Menschheit leistet, alle Errungenschaften, die seine Mitmenschen ihm verdanken. In dieser Biografie Galileis – die sich ganz anders liest als die gerade erzählte – kommt es auf seine wissenschaftlichen Versuche und Erfindungen an, die inzwischen zum geistigen Eigentum der Menschheit gehören. Diese Biografie ist gewissermaßen die objektive Biografie Galileo Galileis, ihr Wert ist von allgemeiner Gültigkeit.

Die andere Biografie schildert hingegen, wie hart Galileo gegen das Schicksal kämpfen musste. Wenn man sie liest, kommt man auf den Gedanken, dass wir heute vielleicht nur über die Hälfte der Entdeckungen dieses großen Wissenschaftlers verfügen würden, hätte er ein leichteres Leben gehabt. Der Kampf gegen das Schicksal war der Königsweg, den sein geistiges Ich wählte, um den Willen zu stählen und die Begabungen reifen zu lassen, die ihn schließlich groß werden ließen. Nur die gewaltigen Gegenkräfte, die auf dieses Leben einwirkten, machten die Entwicklung möglich, die Galileo Galilei schließlich nahm. Die hier erzählte Biografie enthält das, was Galileo subjektiv erlebt hat. Für diese Biografie zählt weniger das Schicksal der Menschheit als das ganz persönliche, individuelle Schicksal eines Menschen: das, was er in die Ewigkeit hinausträgt, was er über die Schwelle seines Todes mit sich nimmt.

Wenn man dies weiter bedenkt und dabei mehrere Lebenswege miteinander vergleicht, kommt man auf zwei Grundarten von Biografien. Der eine Mensch stellt die eigene innere Entwicklung in den Vordergrund, die Welt soll mehr ihm, als er ihr dienen. Bei dem anderen ist es umgekehrt: Im Vordergrund steht eine Aufgabe im Dienst der Menschheit und die eigene Entwicklung dient dazu, alle dafür notwendigen Kräfte auszubilden. Eine Biografie verstehen heißt vor allem zu wissen, ob die innere Entwicklung eines Menschen sich eher einer objektiven Aufgabe fügt, oder umgekehrt.

Vielleicht wächst ja in naher Zukunft eine Generation von Biografen heran, die zwischen diesen beiden Lesarten eines Menschenlebens zu unterscheiden wissen und für jeden Menschen nicht eine, sondern zwei Biografien verfassen, von denen die eine spannender ist als die andere.

IV.
DIE JAHRSIEBTE:
RHYTHMEN DES LEBENS

Das «3 mal 3 mal 7» des Lebens

Jedem menschlichen Leben liegt ein Rhythmus von Siebenjahresperioden zugrunde. Am Ende von jedem Jahrsiebt findet im Menschen eine umfassende Veränderung, eine durchgreifende Neuausrichtung aller Kräfte statt. Mit etwa sieben Jahren erfolgt der Zahnwechsel, sieben Jahre danach kommt der Mensch in die Pubertät, mit Anfang zwanzig erreicht er seine volle innere Autonomie. Die nächsten drei Jahrsiebte werden weniger von körperlichen als von seelischen Entwicklungsschritten gekennzeichnet. Und ab dem zweiundvierzigsten Lebensjahr stellt sich immer mehr die geistige Entwicklung in den Vordergrund. Die Betrachtung der Biografie muss mit zunehmendem Alter immer mehr auf die innerliche Entwicklung Rücksicht nehmen, um die siebenjährigen Zyklen deutlich voneinander unterscheiden zu können.

In den ersten drei Jahrsiebten, also ungefähr bis zum einundzwanzigsten Lebensjahr, kommt dem körperlichen Instrument die größte Bedeutung zu. Dieser Anfang der Biografie dient dazu, alle nötigen Naturkräfte heranzubilden, um den Körper des Menschen zu einem vollkommenen Instrument für Seele und Geist zu gestalten. Es liegt auf der Hand, dass der erwachsene Leser sich sagen wird: Ich kann an meinen ersten drei Jahrsiebten nichts mehr ändern. Wozu also eine eingehende Beschäftigung mit ihnen? Dazu ist zu sagen, dass der Sinn eines Lebenslaufes auch dadurch erfüllt wird, dass jeder Mensch so viel wie möglich von dem nachholt, was er in seiner Kindheit vermisst hat. Außerdem lebt jeder Erwachsene mit kleinen Kindern, entweder eigenen oder denen von anderen Menschen, zusammen. Im Umgang mit ihnen kann das Wissen um diese Gesetzmäßigkeiten entscheidend werden.

In den darauffolgenden Jahrsiebten, im Alter zwischen einundzwanzig und zweiundvierzig Jahren, werden die Vorgänge, die sich in der Seele des Menschen abspielen, immer wichtiger. In diesen drei Abschnitten wird das Ich des Menschen immer bewusster. Es ist das gewöhnliche Ich, das Spiegelbild des geistigen, wahren Ich. Als Ergebnis aller Erfahrungen, die der Mensch bis Anfang vierzig macht, steht er in der Welt als seines Ich voll bewusst da.

In den nächsten Jahrsiebten, im Alter zwischen zweiundvierzig und dreiundsechzig Jahren, eröffnet sich für den Menschen die Möglichkeit, sich immer mehr vom besten Teil seiner selbst, den wir als sein «geistiges Ich» bezeichnet haben, führen zu lassen. Allerdings geschieht dies immer weniger von allein, denn die Naturkräfte ziehen sich zunehmend zurück. Es kommt immer mehr darauf an, was wir dafür tun, beziehungsweise ob wir überhaupt etwas dafür tun, dass unser geistiges Ich zunehmend tätig werden kann.

Die drei «Körper» des Menschen

Jeder Mensch verfügt über einen *physischen Körper.* Damit dieser seine Tätigkeit entfalten kann, braucht er Kräfte, die ihm Vitalität und Wachstum verleihen. Diesen Kräftezusammenhang können wir *Lebenskräfteleib* oder, nach Rudolf Steiner, *Ätherleib* nennen. Unser physischer Körper zeichnet sich durch feste, ziemlich genau gezeichnete Formen und Umrisse aus, wohingegen der Lebenskräfteleib aus aufeinander abgestimmten Prozessen und sich unablässig verändernden Strömungen besteht.

Aber das ist noch nicht alles, denn wir tragen auch noch einen *psychischen* oder *Seelenkörper* in uns. Steiner nennt ihn *Astralleib.* Er enthält alles, was innerlich erlebt und empfunden wird, ohne dass es zum Bewusstsein kommt.

Alles, was der Seele und dem Geist als Werkzeug dient, kann als «Körper» oder Hülle bezeichnet werden. Der physische, der lebende und der empfindende Körper: Jeder dieser drei arbeitet nach seinen eigenen Gesetzen. Diese drei Werkzeuge werden in den ersten drei Jahrsiebten, eines nach dem anderen, herangebildet.

Die drei Kräfte der Seele

Auf einer höheren Ebene als unser Körper arbeitet unser Bewusstsein, das sich ebenfalls in drei voneinander unterscheidbare Kräfte oder Fähigkeiten einteilen lässt. Es gibt einen Seelenbereich in uns, der von Gefühlen, von Sympathien und Antipathien lebt und über jede Situation oder jede Person spontan sagt: «Sie gefällt mir» oder «Sie gefällt mir nicht», «Dies zieht mich an, und jenes stößt mich ab.» Wenn diese uns zwar bewusste, aber keinesfalls freie Art uns zu verhalten, unser Handeln bestimmt, spricht in uns nur das «Herz» und der «Kopf» schweigt.

Unser Denken stellt Dinge und Ereignisse einander gegenüber, wägt sie gegeneinander ab, urteilt nach objektiven Maßstäben. Der berechnende Intellekt, der kühle Verstand ist wie ein Kopf ohne Herz. Sein Denken unterscheidet sich von einem Denken, das durch Herzenswärme getragen wird. Ein Bewusstsein, das sowohl das Verstandesmäßige als auch das Moralische umfasst, stellt die dritte Seelenkraft dar, in der «Kopf» und «Herz» zusammenwirken.

Diese drei Seelenkräfte entwickeln sich nacheinander in den drei Jahrsiebten vom einundzwanzigsten bis zum zweiundvierzigsten Lebensjahr. Rudolf Steiner nennt die Seelenkraft, in der das Fühlen vorherrschend ist, die *Empfindungsseele;* die Fähigkeit der Seele zu denken, nennt er *Gemüts- und Verstandesseele;* das Gleichgewicht von Denken, Fühlen und Wollen, wo die volle Kraft des Bewusstseins, das Ich-Bewusstsein, zum Vorschein kommt, nennt er *Bewusstseinsseele.*

Das erste Jahrsiebt: hingebungsvolle Nachahmung

Die zentrale Frage, die sich für das erste Jahrsiebt der menschlichen Biografie stellt, lautet: Welche besonderen Kräfte sind notwendig, damit der physische Körper eines Kindes so gesund und harmonisch wie möglich heranwachsen kann? Die Beantwortung dieser Frage ist nicht nur für alle Eltern, sondern für jeden Menschen von größter Wichtigkeit, denn die ersten sieben Jahre sind entscheidend für das ganze Leben.

Das kleine Kind ist bis zum siebten Lebensjahr ein reines Nachahmungswesen. Es ist erfüllt von Kräften, die es dazu drängen, all das nachzuahmen, was um es herum geschieht – vergleichbar einem Musikinstrument, das durch die in der Umgebung erzeugten Töne in Schwingung gerät. Und gerade dieses Mitschwingen im Einklang mit der Umgebung entscheidet über die Art und Weise, wie der Körper des Kindes herangebildet wird. Da alles, was um das kleine Kind herum gesagt oder getan wird, Spuren in seiner körperlichen Konstitution hinterlässt, tragen die Erwachsenen eine unendlich große Verantwortung. Auch ihre Gedanken und Gefühle, ihre moralische Gesinnung und Lebenseinstellung wirken sich auf das kleine Kind aus, denn es lebt ja nicht nur physisch inmitten der Erwachsenen, es ist vor allem in ihren Seelen- und Geisteskräften eingebettet. Es nimmt die gesamte seelisch-geistige «Atmosphäre» seiner Umgebung mit all ihren Harmonien und Disharmonien auf, diese wirken unmittelbar auf die Gestaltung seines Körpers ein.

Heutzutage fällt es vielen Menschen schwer, zu glauben, dass auch Gedanken und Gefühle ein Teil der Wirklichkeit sind. Für uns zählt oft nur noch das, was nach außen hin, an der Oberfläche sichtbar oder spürbar ist. Deshalb sind viele Menschen auch der Auffassung, es sei völlig ausreichend für das Kind, um gesund heranwachsen zu können, wenn es genügend zu essen bekommt, schlafen gelegt, sauber gehalten, an die frische Luft gebracht und im Krankheitsfalle gepflegt wird. Seit die Psychologie herausgefunden hat, dass bestimmte frühkindliche Erlebnisse sich bis weit ins Erwachsenenalter auf die Psyche eines Menschen auswirken, versuchen wir diese Erkenntnis natürlich zu berücksichtigen. Allerdings glauben wir, es genüge, bestimmte Dinge vor unseren Kindern geheim zu halten, zum Beispiel uns in ihrer Anwesenheit nicht zu streiten und es uns nach Möglichkeit nicht anmerken zu lassen, wenn wir Schwierigkeiten miteinander haben. Dies ist ein folgenschwerer Irrtum, denn das kleine Kind wird körperlich weniger von dem geprägt, was die Erwachsenen in seiner Umgebung sagen und tun, als von dem, was sie besonders in moralischer Hinsicht *sind.*

In den ersten sieben Jahren lebt jedes Kind in einem unbewussten Vertrauen auf sein Schicksal, sein «Karma», in vollkommener Hingabe an seine Umgebung, an seine Eltern und an die Ereignisse, die sich um es herum abspielen. Es ist in jeder Hinsicht aufnehmend, für alles empfänglich. Dieses nachahmende Vertrauen des Kleinkindes, seine reine Hingabe an die Umwelt ist das Urphänomen dessen, was die Menschen seit jeher «Religion» nennen. Wie der religiöse Mensch sich der göttlich-geistigen Welt voller Vertrauen hingibt, so gibt sich das kleine Kind «überbewusst religiös» seiner Umgebung hin.

Die Auswirkungen dessen, was ein Mensch in seinen ersten sieben Lebensjahren erlebt, zeigen sich aufgrund der schon erwähnten Spiegelungsgesetze vorwiegend zwischen seinem sechsundfünfzigsten und dreiundsechzigsten Lebensjahr.

Das zweite Jahrsiebt: der verehrte Lehrer

Im Alter zwischen sieben und vierzehn Jahren, im Grundschulalter beziehungsweise in den ersten Gymnasial-, Real- oder Hauptschuljahren, spielt der erwähnte Lebenskräfteleib die wichtigste Rolle. Dass wir bei Kindern dieser Altersgruppe die wenigsten Krankheiten zu verzeichnen haben, liegt daran, dass in diesen Jahren gerade die *Lebensprozesse* – Atmung, Wärmung, Ernährung, Absonderung, Erhaltung, Wachstum, Reproduktion – gewissermaßen die Führung übernehmen.

Diese Lebensprozesse und die ihnen zugeordneten inneren Organe entsprechen den kosmischen Kräften der Planeten unseres Sonnensystems, die sich im menschlichen Körper widerspiegeln. Ebenso wie die Planeten um die Sonne kreisen, der sie ihre Entwicklung und ihr Gleichgewicht verdanken, brauchen Kinder dieses Alters ein «Sonnenelement», eine «Sonnenkraft», mit anderen Worten: eine Autorität, an der sie sich orientieren können.

In einer Zeit, in der Erziehung häufig mit der Befreiung von allen Zwängen, mit Toleranz und «Gewährenlassen» gleichgesetzt wird, mag dieser Gedanke vielen nicht behagen. Doch so altmodisch es auch klingen mag: Heranwachsende Jungen und Mädchen zwischen sieben und vierzehn Jahren wünschen sich, wenn auch nur halb bewusst, Lehrerinnen und Lehrer, die eine natürliche Autorität ausstrahlen.

Ein achtjähriges Kind fühlt sich wohl wie ein Fisch im Wasser, bleibt gesund und ist voller Lebensfreude, wenn es einen weisen, guten Lehrer um sich hat. Kinder *brauchen* unbedingt einen Lehrer, den sie verehren können. Ein Kind muss sich sicher sein können, dass das, was der Lehrer für gut hält, auch wirklich gut ist, dass das, was für den Lehrer schön und wahr ist, wirklich schön und wahr ist. Die Freude, die aus diesem uneingeschränkten Vertrauen erwächst, verleiht einem Kind Gesundheit und Lebenskraft, die sich wiederum für das ganze Leben fördernd auf die Lebensfunktionen seines Organismus auswirken.

Leider werden Kinder heute sehr oft viel zu früh in eine kritische Haltung gedrängt. Das ist eine wirkliche Tragödie, ein folgenschwerer Verstoß gegen die Gesetze der Biografie. Den Kindern wird eine analytische, kühl-berechnende Denkweise aufgezwungen, bevor sie die nötige Reife dafür besitzen. Das nimmt ihnen die «seelische Luft», die sie zum Atmen brauchen. Wenn wir uns stärker der Tatsache bewusst wären, dass viele Krankheiten, unter denen Erwachsene leiden, eine unvermeidbare Folge von solchen «pädagogischen Sünden» sind, würden wir naturgemäßer an die Erziehung unserer Kinder herangehen. Ein Kind im

Grundschulalter wünscht sich, dass man es wie in einer magischen Hülle leben lässt, die durch die nicht infrage gestellte Autorität des Lehrers entsteht und die das Kind noch eine Zeit lang vor den Härten des Lebens schützt.

Alle Ereignisse und Einflüsse, positive wie negative, die zwischen dem siebten und dem vierzehnten Lebensjahr auf ein Kind einwirken, wirken sich besonders auf den Altersabschnitt zwischen dem neunundvierzigsten und sechsundfünfzigsten Lebensjahr aus.

Das dritte Jahrsiebt: das Erwachen der Liebe

Zwischen dem vierzehnten und dem einundzwanzigsten Lebensjahr tritt ein drittes Element auf den Plan, das in diesem Jahrsiebt beherrschend wird: der psychische Körper oder die unbewusst erlebende Seele. Auch in diesem Alter gibt es eine führende Kraft, die sich besonders auf heranwachsende junge Menschen auswirkt, nämlich die *Liebe,* die sich vor allem in der Liebe zu den größten *Idealen* des Lebens ausdrückt. In der Pubertät reifen die Geschlechtsorgane heran und der Mensch wird liebesfähig.

Die alten Griechen kannten für die Liebe drei verschiedene Begriffe, nämlich *eros, philìa* und *agàpe.* Beim Eros steht das Körperliche im Vordergrund, bei der Philìa das Seelische und bei der Agàpe das Geistige. Anders als wir heute unterschieden die Griechen zwischen diesen drei Arten der Liebe keineswegs nur verschwommen. Platon hat in seinem *Gastmahl* wunderbare Worte für das Erleben der Liebe gefunden. Er schreibt, die Liebe entzünde sich an der körperlichen Welt, sie vertiefe sich in der Liebe zur Schönheit der Seele und werde vollkommen als geistige Liebe.

Die Liebe ist das Leben spendende Element, in dem jeder Mensch zwischen vierzehn und einundzwanzig Jahren lebt. Die größte, edelste Form der Liebe, nach der sich junge Menschen sehnen, gilt den Idealen des Lebens: dem Frieden, der Wahrhaftigkeit, der Solidarität mit allen Menschen, der Fürsorge für unsere Erde.

Was ein Junge oder ein Mädchen zwischen dem vierzehnten und dem einundzwanzigsten Lebensjahr erlebt, erfährt seine wichtigsten Wirkungen im siebten Jahrsiebt der Biografie, zwischen dem zweiundvierzigsten und dem neunundvierzigsten Lebensjahr. Den vielfältigen Wirkungen des ersten Jahrsiebts auf das neunte, des zweiten auf das achte und des dritten auf das siebte im Einzelnen nachzugehen, würde den Rahmen dieser Anregungen sprengen. Der interessierte Leser wird im umfangreichen Werk Rudolf Steiners diese spärlichen Andeutungen nach allen Seiten vertiefen können.

Die Mitte des Lebens: die Ernte der ersten drei Jahrsiebte

Zwischen den ersten drei Jahrsiebten, in denen die Entwicklung des dreifachen Körperlichen im Mittelpunkt steht, und den folgenden drei Jahrsiebten, in denen die drei Kräfte der

Seele sich entfalten, gibt es nicht weniger interessante, für das Studium der Biografie sehr aufschlussreiche Zusammenhänge. Eine erste Spiegelung, eine erste Verwandlung der Kräfte, findet zwischen den ersten drei und den drei unmittelbar danach folgenden Jahrsiebten statt: Das dritte spiegelt sich im vierten wider, das zweite im fünften und das erste im sechsten. Spiegelung heißt auch hier: Gewisse Kräfte, die in einem Jahrsiebt gebildet werden, erfahren in der Folge eine Metamorphose und werden in einem bestimmten späteren Jahrsiebt wieder führend. Die Wirksamkeit der verwandelten Kräfte hängt jeweils weitgehend von ihrer ersten Ausprägung ab.

Um eine allgemeine Orientierungshilfe zu geben, die sich natürlich erst dann als fruchtbar erweisen wird, wenn man sie bei verschiedenen Lebensläufen nach allen Seiten überprüft, möchte ich diese Zusammenhänge hier in schematischer Form darstellen.

Spiegelung des dritten im vierten Jahrsiebt

Unser psychischer Körper, der zwischen dem vierzehnten und dem einundzwanzigsten Lebensjahr vor allem durch das Erleben der Liebe zu großen Idealen herangereift ist, was vornehmlich im Unterbewussten stattfindet, entwickelt im unmittelbar darauffolgenden Jahrsiebt, also im Alter von einundzwanzig bis achtundzwanzig Jahren, ein Bewusstsein für die Welt der Gefühle. Auf diese Weise wird am Anfang der Zwanzigerjahre die erwähnte *Empfindungsseele* zur führenden Kraft.

Spiegelung des zweiten im fünften Jahrsiebt

Der Lebenskräfteleib, der sich im Alter von sieben bis vierzehn Jahren durch die Hinwendung zur selbstverständlichen Autorität des Lehrers entwickelt, wandelt einen Teil seiner Kräfte in intellektuelle Fähigkeiten und logisches Denkvermögen um. Diese neuen Kräfte werden führend im Alter zwischen achtundzwanzig und fünfunddreißig Jahren, dem Alter der *Gemüts-* und *Verstandesseele.*

Spiegelung des ersten im sechsten Jahrsiebt

Die Erlebnisse bei der Heranbildung des physischen Körpers, die vorwiegend im ersten Jahrsiebt durch Nachahmung der Eltern und der Umwelt erfolgt, wirken sich besonders auf die Zeitspanne zwischen fünfunddreißig und zweiundvierzig Jahren aus. So reift in diesem Jahrsiebt die höchste Kraft der Seele heran, die *Bewusstseinsseele.*

Über die gesetzmäßige, naturgemäße Umwandlung der verschiedensten Kräfte in der Biografie des Menschen von Jahrsiebt zu Jahrsiebt wäre unendlich viel zu sagen. Wir können ein immer tieferes Verständnis dieser Zusammenhänge erlangen, indem wir uns eingehend mit unterschiedlichen Biografien beschäftigen. Bei einer solchen Biografiearbeit empfiehlt es sich, die Spiegelungen, die hier nur angedeutet werden, zunächst einmal als Arbeitshypothese zu betrachten.

Werfen wir kurz einen Blick auf die Jahrsiebte vom einundzwanzigsten bis zum zweiundvierzigsten Lebensjahr. Die Erfahrungen, die wir im vierten Jahrsiebt (im Alter zwischen einundzwanzig und achtundzwanzig Jahren) machen, dienen vor allem der eigenen inneren Entwicklung. Im sechsten Jahrsiebt (im Alter zwischen fünfunddreißig und zweiundvierzig Jahren) finden diese Kräfte ihren ersten polaren Ausgleich. Da ist der Mensch in der Lage, dasjenige, was er im vierten Jahrsiebt von seiner Umwelt und seinen Mitmenschen empfangen hat, der Welt zurückzugeben. Im sechsten Jahrsiebt fordert also die natürliche Lebensentwicklung jeden Menschen dazu auf, volle Verantwortung für die Welt zu übernehmen und einen «bewussten» Beitrag zur Entwicklung von Mensch und Erde zu leisten. Was wir am Anfang der Zwanzigerjahre von der Welt aufnehmen, können wir zwischen Ende dreißig und Anfang vierzig der Welt verwandelt zurückgeben.

Dies bedeutet, dass niemand – selbst wenn er es wollte – zwischen seinem einundzwanzigsten und achtundzwanzigsten Lebensjahr über die nötige Reife verfügt, um sein Leben hauptsächlich in den Dienst anderer Menschen zu stellen. In diesem Alter ist man, biografisch bedingt, vornehmlich ein Empfangender, auch wenn man sich dessen nicht bewusst ist. Bevor man anderen etwas geben kann, muss man erst einmal eine ganze Menge aufgenommen haben. Was man nicht bekommen hat, kann man auch nicht geben, heißt es im Volksmund. Die drei altehrwürdigen Stufen der Lehr-, Wander- und Meisterjahre beziehen sich gerade auf diese Stufen in der Biografie jedes Menschen.

Niemand kann für seine Mitmenschen etwas sein, was er für sich selbst noch nicht geworden ist. Diese «Umkehrung» der Kräfte zwischen dem vierten und dem sechsten

Jahrsiebt ist ein weiterer wichtiger «Schlüssel» für jede Biografiearbeit – und nicht zuletzt auch ein Schlüssel zum Verständnis vieler Krankheiten, die selbst Ärzten oftmals ein unlösbares Rätsel bleiben. Denn so manche Erkrankung im Alter wurzelt in der Tatsache, dass jemand vor seinem dreißigsten Lebensjahr nicht alles bekommen oder aufgenommen hat, was für ihn notwendig gewesen wäre, etwa weil er oder sie diese Phase übersprungen hat, sei es, um vorzeitig «Karriere zu machen» oder um sich frühzeitig als Held und Retter der Welt zu versuchen. Oder sie ist darauf zurückzuführen, dass man sich später nicht genügend für andere Menschen eingesetzt hat.[1]

---

1 Weil das Grundgesetz der Biografie die zunehmende Freiheit ist, muss dem Menschen immer eine Wahlmöglichkeit offenstehen. In Goethes *Faust* sind es Gott und Mephisto, die jeweils ihre Angebote machen. Rudolf Steiner nennt im Vortrag vom 28.10.1917 (laut Klartextnachschrift) die fördernden Kräfte «Geister des Lichtes» und die nicht weniger notwendigen Gegenkräfte «Geister der Finsternis»:

> «Dieser Tatsache gegenüber – dass die Menschen in unserer … Zeit natürlich entwicklungsfähig bleiben bis in die 20er Jahre hinein, diese Tatsache bildet eine wichtige Grundlage für das Wirken der Engel zusammen mit den Volksgeistern. Denn die Normalgeister, die Geister des Lichtes, möchten die Sache in einer bestimmten Weise in der Menschenentwicklung dirigieren. … Bis in die 20er Jahre ist der Mensch naturgemäß entwicklungsfähig. Diese Entwicklungsfähigkeit möchten die Geister des Lichtes still gestalten, sodass sie sich im Menschen abspielt möglichst ohne Rumor. Und im 28. Jahr, zwischen dem 28. und 35. Jahr, sollte dann das, was sich still im Inneren des Menschen abgespielt hat, herauskommen. … Also der Mensch soll nach der Absicht der normalen Geister, der Geister des Lichtes, still im Inneren, anspruchslos, selbstlos sein Seelenleben entwickeln, und dann erst soll er in Aktion treten, dann erst soll er aus den Lehrjahren in die Wander- und Meisterjahre eintreten, wenn er das 28. Jahr überschritten hat.
>
> Dagegen lehnen sich die herabgestoßenen Geister, die Geister der Finsternis, auf. Diese wollen bewirken, dass der Mensch schon

Daraus können wir weiterhin schließen, dass die besondere Harmonie, die «Gesundheit» des fünften Jahrsiebts, auf ein Gleichgewicht zwischen Geben und Nehmen angewiesen ist, auf ein lebendiges Wechselspiel zwischen Innen und Außen, einen unausgesetzten Dialog zwischen Mensch und Welt.

Indem wir verschiedene Lebensläufe immer eingehender auf all diese Entsprechungen und Spiegelungen hin untersuchen, können wir die Biografieforschung zu einer wirklichen Wissenschaft entwickeln.

Freiheit, Geschwisterlichkeit und Gleichheit

Um eine Vorstellung davon zu erwecken, was es auf diesem Gebiet noch alles zu entdecken gibt, wenn man die

---

in den 20er Jahren nicht eine stille innere Entwicklung durchmacht, sondern schon da mit der äußeren Intellektualität, mit all dem, was äußere Aktionsfähigkeit, was äußere Meisterschaft ist, in das Leben eingreift.

Damit haben wir eine soziale Erscheinung direkt auf ihre spirituelle Grundlage zurückgeführt. Ein Kampf, meine lieben Freunde, findet unter den Menschen statt, ein bedeutungsvoller Kampf. Die Geister des Lichtes möchten uns erst nach dem 28. Jahr so reif machen, dass wir ins öffentliche Leben hinaustreten und aktionsfähig werden. Die Geister der Finsternis möchten, dass der Zeitpunkt nach vorne geschoben wird, vor das 28. Jahr gerückt wird. Sie möchten den Menschen früher in das öffentliche Leben hinausstoßen. Alles, was in unserem sozialen Leben an Kräften hineinspielt, ist ein Spiegelbild von solchen Dingen, das rührt von ihnen – zum Beispiel, wenn da oder dort der Antrag gestellt wird, das wahlfähige Alter noch weiter in den 20er Jahren oder gar unter die 20er Jahre zu senken.»

angedeuteten «Schlüssel» geschickt zu gebrauchen weiß, nenne ich ein weiteres Beispiel – ein einziges nur, um dem Leser nicht den Anreiz zu nehmen, selbst weiterzuforschen.

Ich denke an die «Naturgesetze der Seele», die eigens dafür sorgen, dass drei große Ideale, drei unverzichtbare Tugenden des modernen Menschen biografiegemäß in uns heranreifen können: *Geschwisterlichkeit, Gleichheit* und *Freiheit.*

Mit *Geschwisterlichkeit* oder *Gemeinschaftssinn* (in der patriarchalischen Sprache «Brüderlichkeit» genannt) ist jene Art von gesellschaftlicher Solidarität gemeint, die dafür sorgt, dass Menschen miteinander in einer Weise umgehen, die dem Zusammenwirken der Zellen und Organe in einem gesunden Organismus ähnelt, nach dem Motto: «Einer für alle und alle für einen.» Das Gehirn beispielsweise kann seine Funktion nur dann erfüllen, wenn die übrigen Organe das Ihre dazutun. Die religiöse Variante zum Satz: «Einer für alle und alle für einen» ist der bekannte Leitspruch: «Liebe deinen Nächsten wie dich selbst.»

Und jetzt kommt das Überraschende: Das für die Entwicklung der Geschwisterlichkeit besonders geeignete Alter ist das Jahrsiebt zwischen dem einundzwanzigsten und dem achtundzwanzigsten Lebensjahr. Damit ist aber nicht gemeint, dass sich ein Mensch in diesem Alter seinen Mitmenschen gegenüber besonders solidarisch verhalten kann (warum das nicht möglich ist, haben wir gerade gesehen) – im Gegenteil: In diesen Jahren bilden wir uns gerade dadurch am allermeisten heran, dass wir unzählige Beweise der Solidarität von unseren Mitmenschen genießen, auch wenn wir uns dessen nicht immer bewusst sind. Die Solidarität der

Einundzwanzig- bis Achtundzwanzigjährigen ist also eine überwiegend empfangende, eine «passive Solidarität», während die «aktive Solidarität» die hervorstechende Tugend der Menschen sein sollte, die in ihrem sechsten Jahrsiebt stehen. Die Tiefe der aktiven Solidarität wird weitgehend von der Reinheit der empfangenden Solidarität bedingt.

Interessanter noch ist die Tatsache, dass eine unmittelbare Beziehung von Ursache und Wirkung besteht zwischen der Liebe zu den Idealen, die einen jungen Menschen in seinem dritten Jahrsiebt erfüllt, und seiner Empfänglichkeit für die Solidarität, die ihm im darauffolgenden Jahrsiebt von anderen zuteilwird. Die im dritten Jahrsiebt aufblühende Liebe verwandelt sich naturgemäß in den sieben Jahren unmittelbar danach in die Bereitschaft, mit Dankbarkeit und Liebe von anderen die Gaben des Lebens zu empfangen. Zweifellos ist die entgegengenommene Solidarität die notwendige – und zugleich die beste – Voraussetzung dafür, dass ein Mensch sich später selbst anderen gegenüber solidarisch verhalten kann. Und genau diese aktive Solidarität macht das Wesen der Freiheit aus, denn der freieste Mensch ist derjenige, der mit Freude seine Fähigkeiten in den Dienst seiner Mitmenschen stellt.

Nicht weniger überraschend ist die Art und Weise, wie sich der Freiheitssinn entwickelt. So wie sich die Liebe zu Idealen direkt in ein Empfangen der Brüderlichkeit anderer verwandelt, hängen auch das erste und das sechste Jahrsiebt eng miteinander zusammen: Je öfter ein kleines Kind die Gelegenheit hatte, liebevolle Menschen in seiner unmittelbaren Umgebung nachzuahmen, desto größer wird die innere Freiheit sein, die es zwischen seinem fünfunddreißigsten und zweiundvierzigsten Lebensjahr erfährt. Die Kräfte der *Freiheit,* der inneren Autonomie, sind dieselben, nur «umgestülpten» Kräfte, die das kleine Kind einst für die Gestaltung seines Körpers zur Nachahmung drängten. Auch hier eine wunderbare Verwandlung der Kräfte! Wer als Kind genügend Gelegenheiten hat, Schönes und Gutes nachzuahmen, wird als Erwachsener zu wirklicher innerer Freiheit, zu individueller Schöpferkraft finden können. Er wird es leicht haben, sich für die Welt im sechsten Jahrsiebt voll einzusetzen, weil dieses die volle Entfaltung seiner Begabungen – eben der Freiheit! – voraussetzt.

Führen wir uns zur Verdeutlichung dieses Zusammenhangs noch einmal den menschlichen Organismus vor Augen: Die Funktion, die die Nieren innerhalb unseres Organismus erfüllen, ist gänzlich abhängig von dem, was die Nieren ihrerseits vom Organismus empfangen. Wenn die Nieren nicht die Kräfte, die sie benötigen, vom übrigen Organismus erhalten, können sie sie auch nicht «nierengerecht» umwandeln, können ihre Funktion für den Organismus nicht erfüllen.

Und jetzt gelingt es uns vielleicht auch dem Geheimnis der *Gleichheit* etwas näher zu kommen: In einem gesunden Lebenslauf erhalten Geschwisterlichkeit und Freiheit – einer für alle und alle für einen – insgesamt das *gleiche* Gewicht. Gerade weil im vierten Jahrsiebt die freie Solidarität der anderen uns gegenüber und im sechsten unsere eigene solidarische Freiheit im Vordergrund stehen sollten, wird es zur besonderen Aufgabe des fünften Jahrsiebts, das richtige Gleichgewicht zwischen beiden zu erleben.

Hier gilt es jedoch eine letzte Klippe zu umschiffen: Wie kann die für das zweite Jahrsiebt typische Verehrung des Lehrers sich in eine «moralische» Einstellung verwandeln, die uns das Ideal der Gleichheit aller Menschen leben lässt? Ist die Verehrung, die ein heranwachsender Mensch seinem Lehrer oder seiner Lehrerin entgegenbringt, nicht eine Form von Abhängigkeit, ein Ausdruck eindeutiger Ungleichheit? Die Antwort auf diese Frage lautet: Ganz im Gegenteil! Jedes Kind fühlt im Grunde seines Herzens, dass jeder erwachsene Mensch, eben weil er erwachsen ist, im Vollbesitz seiner Denk- und Willenskräfte, uneingeschränkt verehrungswürdig ist. Für ein Kind sind alle Erwachsenen *gleichermaßen* verehrungswürdig, weil sie alle im Vollbesitz dieser Kräfte sind. In jedem Erwachsenen verehrt das Kind das, was es selbst noch nicht ist, aber mit aller Kraft zu werden bestrebt ist. Und je mehr dem Kind zugestanden wird, das Höchste der Schöpfung – den Menschen in jedem Menschen – zu verehren, desto kräftiger wird er sich später als Erwachsener für die uneingeschränkte Gleichheit aller Menschen einsetzen. Dass alle Menschen in ihrer Würde wirklich gleich sind, ist eine Überzeugung, die heute leider vielen Menschen fehlt.

Solange ein Kind klein ist, etwa bis zu seinem siebten Lebensjahr, ist das, was es an den Erwachsenen nachahmenswert findet, gerade ihre individuelle Selbstständigkeit. Die Nachahmung ist das Zeichen einer ersten – unbewussten oder überbewussten – Liebe zum Menschsein als solchem. Jeder Erwachsene ist, sofern er in seinem Denken und Handeln unabhängig ist, allein aufgrund der Tatsache seiner Unabhängigkeit nachahmenswert, denn:

Die innere Selbstständigkeit ist
der höchste Wert des Lebens überhaupt.

Unser geistiges Ich lässt uns als Kinder die Selbstständigkeit der Erwachsenen nachahmen und uns so unbewusst erleben, dass allen Menschen die gleiche Würde zukommt. Im Kind werden alle notwendigen Voraussetzungen dafür geschaffen, dass es später innerlich unabhängig und zurechnungsfähig, also frei werden kann.

Warum will ein Kind zwischen sieben und vierzehn Jahren seinen Lehrer oder seine Lehrerin verehren können, ohne ihn oder sie infrage zu stellen? Weil das höhere Ich jedes Menschen ohne jegliche Einschränkung eine geistige und moralische Autorität darstellt. Gerade diese Autorität erlebt das Kind als das Wohltuendste. Das geistige Ich des Kindes neigt sich in Verehrung vor dem geistigen Ich des Lehrers – und umgekehrt. Aus diesem unbewussten Erleben erwächst die Achtung vor der Gleichheit aller Menschen. So wie das nachahmende Kind das Urphänomen der Religion darstellt, so stellt der verehrende Schüler das Urphänomen der Moral dar, der ehrfurchtsvollen «Würdigung» der Menschenwürde.

Diese Gleichheit aller Menschen beruht auf der Tatsache, dass das ewige Ich eines jeden Menschen auf die gleiche Weise und im gleichen Maße durchdrungen ist von den Kräften sowohl der Geschwisterlichkeit als auch der Freiheit.

Vom 42. zum 63. Lebensjahr: die Saat des Geistes

Die drei Jahrsiebte zwischen dem zweiundvierzigsten und dem dreiundsechzigsten Lebensjahr zeichnen sich dadurch aus, dass der Mensch sein Leben immer mehr im eigenen, ganz individuellen Sinne gestalten kann. Nach den Jahrsiebten der Seele kann er sich jetzt zunehmend als einzigartigen *Geist* erleben und ausleben.

In den Jahren zwischen *zweiundvierzig und neunundvierzig,* im siebten Jahrsiebt, ist die Zeit, wo die rein materielle Welt anfängt, immer weniger zu befriedigen. Der Mensch kann sich immer mehr davon überzeugen, dass in jedem Menschen ein ganz und gar einzigartiger und individueller Geist wohnt, der sich von allen anderen unterscheidet, der mit unverwechselbaren Merkmalen ausgestattet ist. Wer die vorangegangenen Lebensabschnitte auf gesunde Weise durchlebt hat, kann sich nun immer tiefer mit seinem höheren Ich vereinigen, kann sich vermehrt den Inspirationen seines innersten Wesens öffnen. Zwischen dem vierten und sechsten Jahrsiebt entwickelt der Mensch hauptsächlich sein gewöhnliches Ich, seine Seele; im siebten Jahrsiebt hingegen ist er aufgerufen, seinem geistigen Ich zunehmend die Führung zu übergeben.

Zwischen dem *neunundvierzigsten und dem sechsundfünfzigsten* Lebensjahr kann sich in uns ein erstes Gefühl dafür entwickeln, dass wir mit unseren Mitmenschen geistig auf eine ähnliche Weise verbunden sind wie die Organe eines Organismus. Alle Menschen zusammengenommen bilden einen einzigen, belebten und beseelten Organismus, den übersinnlichen Menschheitsorganismus. Ein Mensch, der die fünfzig überschritten hat, kann mehr und mehr ein Bewusstsein davon erlangen, dass alle Menschen eine übersinnliche Einheit bilden, und er kann zunehmend danach leben. Er erlebt, wie die Menschen seelisch-geistig buchstäblich ineinander weben und wesen.

In den Jahren zwischen *sechsundfünfzig und dreiundsechzig* steht der Mensch vor einer noch größeren Herausforderung: der Verantwortung nicht nur gegenüber der gesamten Menschheit, sondern auch gegenüber der Schöpfung insgesamt. Die geheimnisvolle Schicksalsgemeinschaft zwischen Erde und Mensch, das gemeinsame Geschick von Menschheit und Natur kann gerade in diesen Jahren zum höchsten moralischen Ideal des Lebens werden.

So trägt der Mensch in den drei Jahrsiebten zwischen dem zweiundvierzigsten und dreiundsechzigsten Lebensjahr alle Voraussetzungen in sich, um die Wirklichkeit des Geistes in all seinen Äußerungen immer ernster zu nehmen. Während die ersten drei Jahrsiebte der Biografie vor allem der gesunden Heranbildung des dreigliedrigen Körpers dienen und die zweiten drei Jahrsiebte die Seele immer tiefer und reicher werden lassen, eröffnen die dritten drei Jahrsiebte der menschlichen Freiheit die Möglichkeit, Körper und Seele auf immer neue Eroberungen des Geistes hin zu orientieren.

Jeder Mensch strebt danach, als Geist unter Geistern zu leben. Er will sich erstens als individuellen, freien Geist erleben; er will zweitens ein zunehmendes Verständnis dafür haben, auf welche Weise jeder Mensch an der Bildung des geistigen Menschheitsorganismus teilhat; und er möchte drittens seine moralische Verantwortung gegenüber den Tieren, den Pflanzen und den Steinen wahrnehmen. Er möchte vermehrt auch die Naturreiche mit seinem Geist durchdringen. Dies tut er als Wissenschaftler, als Künstler, als religiös lebender Mensch.

Vom 63. zum 100. Lebensjahr: die Ernte des Geistes

Die ersten neun Jahrsiebte der Biografie, bis zum dreiundsechzigsten Lebensjahr, haben bei allen Menschen vieles gemeinsam. Die für alle gültigen Kräfte des Körperlichen, des Seelischen und des Geistigen prägen je drei Jahrsiebten ihren besonderen Stempel auf. Nach dem dreiundsechzigsten Lebensjahr kann sich mehr und mehr dasjenige auswirken, was bei jedem Menschen einmalig ist.

Wenn wir das «patriarchalische Alter» für die menschliche Biografie ins Auge fassen – ungefähr zweiundsiebzig Jahre, die Zeit, welche die Sonne braucht, um einen Grad weiterzukommen, um den «Geburtsstern» des Menschen am Himmel auf seinen Tod hin freizugeben –, können wir eine interessante Verteilung von Kräften feststellen: der Kräfte der Natur, die allen Menschen *gleich* zur Verfügung gestellt werden, der Kräfte des Geistes, die jeder auf seine Art und Weise *frei* gestaltet, und der Kräfte der gegenseitigen Hilfe, die es jedem ermöglichen, *liebend* mit anderen Menschen umzugehen.

- Bei der Geburt sind die Menschen am meisten *gleich,*
- bei ihrem Tod sind sie am meisten *frei;*
- in der Mitte des Lebens kann der Mensch *«brüderlich»* sein Bestes für die anderen geben. (s. Grafik auf dem Buchumschlag).

In der Mitte des Lebens erfahren die physischen Kräfte ihre volle Entfaltung. Da hat der Mensch am meisten Möglichkeit, Brüderlichkeit oder Geschwisterlichkeit im Sozialen und im Berufsleben zu üben. Die Lebensjahre, die einem Menschen nach dem zweiundsiebzigsten Jahr beschieden werden, liegen sozusagen jenseits jeder besonderen Gesetzmäßigkeit. Sie können als reines Geschenk, als Gnade betrachtet werden, und ihre Gestaltung wird ganz von dem abhängen können, was das Individuum bis zu seinem zweiundsiebzigsten Lebensjahr aus sich gemacht hat. Diese Zeit des Lebens ist reine Erntezeit.

Wenn man sich die biografische Struktur von Gleichheit, Geschwisterlichkeit und Freiheit näher anschaut, entdeckt man eine andere Sünde des heutigen Materialismus – eine Sünde gegen die Biografie des Menschen. Durch die einseitige Betonung des materiellen Wohlstands, durch die von der Werbung aufgepeitschte Unersättlichkeit des Konsums verzerren Leistungsdruck und Arbeitszwang die viel beschworene gesellschaftliche Solidarität. Wir leben in der Zeit, in der die Maschinen immer mehr die Arbeit des Menschen ersetzen. Wenn mehr echte Brüderlichkeit in der Verteilung sowohl der Güter als auch des Geldes vorhanden wäre, könnten wir jedem Menschen mehr Zeit für die erste und die dritte Phase gönnen. Die erste dient der Gleichheit vor allem in der Ausbildung und Ausreifung aller individuellen Fähigkeiten, die dritte dient der individuellen, freien Gestaltung des Lebens, wo jeder ein «Früh-Ernter» dessen werden darf, was er im Leben gesät hat, ohne als «Früh-Rentner» beschimpft zu werden (weil man ja von ihm erwartet, dass er noch länger für die materielle Grundlage des Lebens «arbeiten» sollte).

Die Sünde unserer Kultur gegen die Gesetze der Biografie besteht also weniger darin, dass zu viele Menschen zu wenig für andere arbeiten *wollen,* als vielmehr darin, dass zu wenige in vollen Zügen die individuelle Entfaltung des Geistes für sich genießen *können.* Dies erzeugt bei vielen in der dritten Phase des Lebens eine innere Leere, gepaart mit Resignation und den bekannten Depressionen. Abhilfe kann nur geschaffen werden, wenn in der ersten Phase des Lebens der heranwachsende Mensch nicht verfrüht und einseitig für das geldorientierte Berufsleben – für die zweite Phase – ausgebildet, sondern vor allem für die dritte, für die freie Entwicklung des Geistes, vorbereitet wird. Dies setzt eine Pädagogik voraus, die in jedem Kind einen geistigen Lebenskünstler sieht, dem die Erwachsenen gerne die Möglichkeit geben, zu zeigen, was es für sich und die anderen mit seinem Leben im Sinn hat. Es ist nicht die Aufgabe der Erwachsenen, dem Kind zu sagen, was oder wie es werden soll, sondern es ist das Recht des Kindes, den Erwachsenen zu sagen, was oder wie es in seinem tiefsten Wesen werden will.

Die Menschheit ist heute 26 Jahre alt

So wie sich das Leben eines Menschen in Siebenjahresrhythmen vollzieht, lässt sich auch die Biografie der Menschheit insgesamt, die Evolution aller Menschen von den Anfängen bis heute, in bestimmte, diesmal vom Lauf der Sonne abhängige Rhythmen einteilen. Die Sonne bewirkt durch das Zusammenspiel von Eigenbewegung, vom Umkreistwerden durch die übrigen Planeten und Umrahmtwerden vom Tierkreis unendlich viele Rhythmen und Konstellationen, die seit jeher das Schicksal von Mensch und Erde nicht nur begleiten, sondern auch auf tiefste Weise mitbestimmen. Eine wichtige Zeitspanne ist die von 2.160 Jahren, die Zeit, welche die Sonne braucht, um von einem Tierkreiszeichen zum anderen zu wandern. Dieser Rhythmus, der Himmel und Erde verbindet, lässt die großen Kulturen am Horizont erscheinen und wieder untergehen. Er ist entscheidend für die großen Epochen der Menschheitsgeschichte. Als die Sonne vor etwa 9.000 Jahren in das Zeichen Krebs trat, entstand auf der Erde die hochgeistige altindische Kultur. Als die Sonne 2.160 Jahre später in das Zeichen Zwilling einzog, erschien im alten Persien Zarathustra mit seiner auf dem Prinzip der Zweiheit beruhenden (und damit ganz im Zeichen Zwilling stehenden) Lehre, deren Mittelpunkt der Kampf zwischen Licht und Finsternis, zwischen gut und böse bildete. Als die Sonne zum Zeichen Stier vorrückte, brachten die Ägypter und die Chaldäer eine Kultur hervor, die so stimmig auf dem Prinzip der Dreiheit (Isis – Osiris – Horus) beruhte, dass selbst die Hebräer immer wieder in die Versuchung kamen, sie darum zu beneiden. Als sie in der Wüste weilten, weinten sie den Fleischtöpfen Ägyptens nach, sie beteten das goldene Kalb an (den Stier Apis, den Geist des Zeichens Stier im Tierkreis), wodurch sie sich den Zorn Moses zuzogen, der sein Volk auf das nächste Zeitalter, das Zeitalter des Widders, vorbereiten sollte. Und die Griechen? Sie eroberten, da die Sonne nun in das Zeichen Widder eingetreten war, das Goldene Vlies und bereiteten auf diese Weise die Herabkunft des Lammes Gottes, des Christus, vor.

Vielleicht fragt sich der eine oder andere Leser an dieser Stelle, was dies alles mit unseren individuellen Biografien zu tun haben soll. Nun, es hat sehr viel damit zu tun, denn der Übergang der Sonne von einem Tierkreiszeichen in ein anderes ist ja nicht einfach ein Spaziergang am Himmel, der für unseren Lebenslauf weiter keine Bedeutung hat. Vielmehr beeinflusst der Sonnenstand die Biografie des Menschen in entscheidender Weise. Für uns ist es heute eine selbstverständliche Erfahrung, dass die Natur in unserem Leben bis zu einer gewissen Zeit die führende Rolle innehat, bis das Bewusstsein erwacht, um nach und nach seine leitende Funktion zu übernehmen. Wir wissen sehr gut, wie und wie lange der Mensch von der Natur bestimmt wird und wann seine Freiheit anfängt, eine Rolle zu spielen.

Das war jedoch nicht immer so. Je weiter wir in der Entwicklung der Menschheit zurückgehen, desto längere Phasen finden wir, in denen der Mensch ganz von der Natur abhing (in früheren, weniger materialistischen Zeiten war «Natur» für die Menschen gleichbedeutend mit dem in der

Welt wirkenden göttlichen Geist). Es gab eine Zeit, in der die Menschen bis ins hohe Alter der Natur alles verdankten, alle ihre seelischen und geistigen Erfahrungen – etwa so, wie wir noch heute beispielsweise unsere Fortpflanzungsfähigkeit von der Natur geschenkt bekommen. Der Mensch hing also damals viel länger als heute von der Natur ab, von dem, was sie ihm im Laufe seines Lebens nach und nach schenkte. Das erklärt auch, warum die Alten in allen alten Kulturen von der Jugend verehrt, ja beneidet wurden. Jeder wusste und sah, dass man über bestimmte beispielsweise soziale oder organisatorische Fähigkeiten erst dann verfügen konnte, wenn man das entsprechende Alter erreicht hatte. So hatte das Schwinden der körperlichen Kräfte in der zweiten Hälfte der Biografie auf ganz natürliche Weise eine Zunahme an Weisheit zur Folge.

Mit dem Wandern der Sonne von einem Tierkreiszeichen ins andere werden die Menschen immer «jünger» in dem Sinne, dass die naturgegebene psychisch-physische Wechselwirkung immer früher aufhört. Damit wird der Mensch in immer jüngeren Jahren für seine weitere Entwicklung selbst verantwortlich. Heutzutage hört die Natur schon so früh auf, ihre Gaben wie automatisch auszuschütten, dass wir uns inzwischen nicht nur sehr weit von der ursprünglichen Verehrung des Alters entfernt haben, sondern umgekehrt einen fast besessenen Jugendkult pflegen.

Diese fortschreitende «Verjüngung» der Menschheit ist ganz allmählich vor sich gegangen: Im altindischen Zeitalter bedingte die körperliche Entwicklung naturhaft auch die seelische bis weit ins Reifealter hinein – zu Beginn bis zum sechsundfünfzigsten, am Ende immerhin noch bis zum neunundvierzigsten Lebensjahr. Während der persischen Kulturepoche musste man zweiundvierzig bis neunundvierzig Jahre alt werden, um dank der Geisteskräfte der Natur bestimmte Dinge verstehen oder vollbringen zu können. Zu Zeiten der Chaldäer und Ägypter bestimmte die körperliche Entwicklung automatisch die Verfassung der Seele nur noch bis zum sechsten Jahrsiebt der Biografie, danach wurden die Gaben der Natur nicht mehr von selbst an die Seele weitergegeben.

In der darauffolgenden Kulturepoche, in der Zeit der Griechen und Römer, hing die innere Entwicklung zu Beginn noch bis zum fünfunddreißigsten Lebensjahr ganz von der körperlichen Entwicklung ab; am Ende dieser Epoche – man schrieb inzwischen das fünfzehnte nachchristliche Jahrhundert – lag die Grenze der Bedingung der inneren Entwicklung durch die äußere schon beim achtundzwanzigsten Lebensjahr.

Die Mitte von diesem Jahrsiebt bilden die Jahre von dreißig bis dreiunddreißig. Diese drei Jahre stellen zugleich die Mitte der Biografie der immer jünger werdenden Menschheit dar. Es sind die Jahre, in denen das geistige Ich der Sonne, das wahre Ich der Menschheit, seine menschliche Biografie auf der Erde durchlebt hat. Was der Mensch immer weniger aus Gnade von den Kräften der Natur empfängt, soll er fortan ganz freiwillig empfangen dürfen, wenn er sich dem Geist der Menschheit öffnet.

Wenn wir die biografische Verjüngung der Menschheit weiterverfolgen, kommen wir zu dem Ergebnis, dass die heutige Menschheit insgesamt etwas mehr als «sechsundzwanzig Jahre alt» ist, in dem Sinne, dass uns die Natur nur bis zu diesem Alter die uns prägenden Gaben zuteilwerden lässt – danach zieht sie sich mehr und mehr zurück. Und in der Tat ist es heute so, dass ein Mensch den inneren Reifegrad etwa eines Sechsundzwanzigjährigen für den Rest seines Lebens behält, wenn er es versäumt, seine weitere Entwicklung nach diesem Zeitpunkt selbst in die Hand zu nehmen. Im Grunde genommen ist es ja auch diese Generation, die in der heutigen Gesellschaft, vor allem in der Wirtschaft, den Ton angibt. Von ihr gehen die allermeisten innovativen Impulse aus. Ältere Menschen haben zwar oft mehr Macht, aber selten neue oder bessere Ideen.

Wie in der Biografie des einzelnen Menschen werden auch in der Biografie der Menschheit in den verschiedenen Lebensaltern jeweils bestimmte Kräfte entwickelt. Zur Zeit der Griechen und Römer, wo die Menschen sich im Alter zwischen achtundzwanzig und fünfunddreißig Jahren von der Natur zu emanzipieren begannen, konnten sich vorzüglich die Kräfte der Verstandesseele entwickeln. Kein Wunder also, dass die Griechen die ersten großen Denker hervorbrachten. Bevor diese sich im Denken als einer dem Menschen eigenen Tätigkeit übten, hatten ältere Kulturen ganz auf göttliche Eingebungen vertraut. Die alte Weisheit wurde durch göttliche Offenbarung empfangen, weil sie noch nicht menschlich gedacht werden konnte.

Wer heute zu dem, was die Natur ihm schenkt, selbst nichts hinzufügt, bleibt innerlich in jenem Entwicklungsabschnitt stehen, in dem die Kräfte der Empfindungsseele überwiegen, in dem die subjektiven, egoistischen Emotionen in jeder Hinsicht vorherrschend sind, auch wenn uns dies nicht bewusst ist oder wir es nicht zugeben wollen. Die heutige sogenannte «Kultur» liefert allerdings deutliche Hinweise dafür, dass es tatsächlich so ist. Das Jahrsiebt der Sechsundzwanzigjährigen ist das Jahrsiebt, in dem jeder auf seinem Recht, auf der Solidarität der anderen besteht, weil er noch nicht die Reife hat, die eigene Solidarität für die anderen voll einzusetzen. In unserer Zeit gibt die Natur uns allen den Anspruch, zu empfangen, nicht mehr aber die Bereitschaft, zu geben. Diese wird mehr und mehr der freien Entwicklung des Einzelnen überlassen.

Aber wer, können wir uns fragen, hat das alles so eingerichtet? Wer hat beschlossen, dass die menschliche Entwicklung so und nicht anders verläuft? Wer auch immer es gewesen ist, es muss jedenfalls ein treuer Freund der Menschen gewesen sein, da der Sinn dieser «Verjüngung» der Menschheit für den einzelnen Menschen ein ganz und gar positiver ist: Dadurch, dass die Jahre unserer Biografie, in denen wir von der Natur ohne unser Zutun beschenkt werden, weniger geworden sind, stehen uns mehr Jahre zur Verfügung, in denen wir uns in Freiheit auf der Grundlage unserer individuellen Entscheidungen weiterentwickeln können.

Ist es nicht höchste Zeit, dass wir die Gesetze, nach denen die Entwicklung sowohl des einzelnen Menschen als auch der gesamten Menschheit verläuft, uns eingehender zu Gemüte führen? Das Entwicklungsgesetz der Wechselwirkung zwischen naturgegebenen und frei errungenen Kräften weist auf eine wachsende Freiheit des Menschen hin. Der

Sinn der gesamten Evolution und jeder Biografie liegt darin, jedem Menschen die Möglichkeit zu geben, immer reifer, immer unabhängiger, immer freier zu werden. Die Natur in uns, die anfangs noch vorherrschend ist und uns großzügigst mit Geschenken überhäuft, zieht sich immer mehr zurück, um uns selbst, um dem freien Menschen in jedem von uns mehr und mehr Entfaltungsmöglichkeit zu gewähren.

Ausklang

DEINE BIOGRAFIE: EIN KUNSTWERK AUF DER SUCHE NACH SEINEM SCHÖPFER

Kaum ein Begriff ist so umstritten wie der Begriff der Freiheit. Wenn wir darunter die eigene Selbstverwirklichung verstehen, müssen wir bedenken, dass diese – da alle Menschen sich auf tiefste Weise gegenseitig beeinflussen – auf gar keinen Fall losgelöst von der Selbstverwirklichung aller anderen gesehen werden kann. Ein Dreijähriger mag es als Einschränkung seiner Freiheit empfinden, wenn man ihm ein scharfes Messer aus der Hand nimmt, in Wirklichkeit ist er aber gerade dadurch freier, dass er sich nicht verletzt. Jeder ist nur in dem Maße frei, in dem sein freies Wirken zur inneren Befreiung seiner Mitmenschen beiträgt.

Unser Verständnis von Freiheit hängt von unserer Lebenseinstellung ab, und diese ist wiederum von bestimmten Kräften abhängig, die mit den Strukturen unseres Gehirns zusammenhängen. Und die Form des menschlichen Gehirns ist das Ergebnis unendlich vieler Gestaltungskräfte. Jede noch so kleine Windung entscheidet mit, wie wir später unsere höheren seelischen und geistigen Fähigkeiten entwickeln werden.

Wenn ein Erwachsener ein zwei- oder dreijähriges Kind ausschimpft oder gar jähzornig anschreit, geschieht dies meist aus der Überzeugung heraus, dass das Kind zumindest teilweise begreifen soll, was der Erwachsene ihm mitteilen will. Ein Kind dieses Alters hat jedoch noch keinerlei

Beziehung zum abstrakten Inhalt der Worte, kann nicht das Geringste mit dem anfangen, was der Erwachsene ihm sagen will. Das Einzige, was bei ihm ankommt, was bei ihm wirksam wird, ist der Zorn des Erwachsenen. Dieser lässt den gesamten kleinen Organismus vor Angst erbeben, und diese Erschütterung wirkt sich, wie oben erwähnt, formgebend auf seinen Körper aus. Das Erleben der Angst formt das Gehirn eines Kindes anders als es geformt werden sollte. Es gefährdet unwiderruflich eine gesunde Heranbildung der Hirnstrukturen.

Auf dem Weg seiner Entwicklung musste sich der Mensch immer tiefer in die Welt der Materie hineinbegeben, weil er sich nur dort als gesondertes, selbstständiges Wesen erleben kann. Doch je mehr Gefallen er an der Welt der Materie fand, desto mehr verdunkelte sich sein Geist – mit dem Ergebnis, dass es uns heute so scheint, als sei die Materie die einzige Wirklichkeit und der Geist etwas Unwirkliches. Damit erlebt der Mensch zunehmend eine Abhängigkeit von den Kräften der Natur.

Hier stellt sich die Frage: Wie kann unser geistiges Ich ein Künstler sein, der seinen Lebensweg in Freiheit entwirft, wenn der Mensch auf der anderen Seite doch in jeder Beziehung von seiner Umwelt abhängt? Denken wir nur an die soeben erwähnte Abhängigkeit in der Heranbildung des Gehirns! Wie können wir die Überzeugung, dass in uns ein sogenanntes höheres Ich wohnt, das vollkommen frei ist, mit der Tatsache in Einklang bringen, dass unsere ganze Innenwelt – ganz gleich, ob wir dreißig, vierzig oder sechzig Jahre alt sind – abhängig ist von einem physischen Gehirn, das von unserem geistigen Ich keineswegs in Freiheit herangebildet wurde, sondern durch Nachahmung anderer?

Um diese Frage beantworten zu können, müssen wir uns noch einmal zwei Eigenschaften des geistigen Ich vergegenwärtigen. Zum einen sieht unser höheres Ich keinen Widerspruch zwischen der Befolgung der Naturgesetze – wir können hier zum Beispiel an die Siebenjahresrhythmen denken – und seinem freien Handeln. Der Geist des Menschen nutzt freiwillig alle Kräfte, die die Natur ihm anbietet, und setzt sie auf seine ganz eigene Weise ein. Das zweite Hauptmerkmal des höheren Ich besteht darin, dass es sich seiner tiefgreifenden Gemeinschaft mit allen anderen Menschen wohl bewusst ist. Es entscheidet auch hier ganz frei, sich mit den Menschen tiefer zu verbinden, die zu seinem Lebensschicksal, zu seiner Biografie im engeren Sinne gehören. Gerade diese Verbundenheit bietet ihm die Möglichkeit, seinen Lebensweg auf die bestmögliche Art und Weise zu beschreiten.

Der Sinn der Biografie liegt also nicht etwa darin, dass wir danach streben sollten, möglichst unabhängig von anderen Menschen zu werden. Wir sollten uns vielmehr bemühen, die tiefe Abhängigkeit, die zwischen uns Menschen besteht und bestehen muss, immer mehr für das Gedeihen aller zu gestalten. Ich bin frei, weil ich entscheiden kann, ob ich meine objektiv bestehende Abhängigkeit von meinen Mitmenschen und von der Natur sowohl zu meinem Vorteil wie auch zu meinem Nachteil gestalten kann.

Hier stellt sich aber eine weitere, noch wichtigere Frage: Wenn mein höheres Ich (ebenso wie das höhere Ich aller anderen Menschen) an Naturgesetze gebunden ist und in Abhängigkeit von seinen Mitmenschen lebt, wie erkenne ich, worin mein Individuelles und Einzigartiges besteht? Wie kann ich entdecken, welche Absichten mein geistiges Ich verfolgt? Wie kann ich herausfinden, wohin mein Weg führt und was mich in meinem Leben noch erwartet?

Um die Zielsetzung besser zu verstehen, die mein geistiges Ich meiner Biografie zugrunde gelegt hat, muss ich mein bisheriges Leben genauer betrachten – das ist gerade das Spannendste bei jeder Biografiearbeit! Jeder, der alt genug ist, um eigene Überlegungen anzustellen – sei er nun zwanzig oder sechzig Jahre alt –, hat schon ein Stück Lebensweg hinter sich. Und je weiter er im Leben gekommen ist, desto klarer verrät seine Biografie, worauf sie hinauswill. Biografiearbeit besteht also vor allem darin, unsere bisherigen Erfahrungen wieder und wieder vor unserem inneren Auge vorüberziehen zu lassen. Je besser wir die «Zielrichtung» vergangener Ereignisse erraten können, desto besser begreifen wir auch, in welche Richtung unser Leben weitergehen wird und worin sein individueller Sinn besteht.

Mein höheres Ich, der unsichtbare Künstler in mir, der das Kunstwerk meiner Biografie entworfen hat, steht zu der Zeit, wo ich darüber nachdenke, weder am Anfang noch am Ende der Ausführung seines Kunstwerkes. Er ist wie ein Maler beim Malen. Je weiter die Tätigkeit des Malens fortschreitet, desto besser erkennt auch ein außenstehender Betrachter, was für ein Bild im Werden begriffen ist. Das höhere Ich ist für unsere gewöhnlichen Sinne unsichtbar.

Dennoch ist sein Kunstwerk, obwohl im unfertigen Zustand, für uns sehr wohl sichtbar, wir können der künstlerischen Tätigkeit unseres höheren Ich zu jeder Zeit zuschauen. Und ich schaue dem nicht nur zu, was mein geistiges Ich in meiner Biografie zustande bringt, sondern ich *erlebe* das hautnah! Wer kann die Absichten meines höheren Ich denn besser erkennen als ich?

Es geht also bei der Biografiearbeit für jeden Menschen darum, aufmerksam auf das zu schauen, was sein geistiges Ich in seinem bisherigen Leben bereits vollbracht hat, um sich zu fragen: Wer ist dieses Ich, das sich all diese Dinge für meine Entwicklung ausgedacht hat? Was will es mit mir erreichen? Was hat es bis jetzt aus mir gemacht? Mit welchem Ziel hat es alle Hindernisse und Schwierigkeiten ausgesucht, auf die ich gestoßen bin? Warum hat es beschlossen, dass ich ausgerechnet diesen und nicht anderen Menschen in meinem Leben begegnet bin?

Wenn ich auf die hinter mir liegenden Ereignisse meines Lebens blicke, werde ich bemerken, dass die wichtigsten und wertvollsten die waren, gegen die ich mich besonders heftig gewehrt habe, gegen die sich mein Alltagsbewusstsein aufgelehnt hat, weil sie ihm nicht passten oder weil es ihren Sinn nicht erkennen konnte. Diesen Ereignissen sollte ich meine ganz besondere Aufmerksamkeit entgegenbringen, weil sie in den Augen meines geistigen Ich für mich besonders förderlich waren.

Und warum sollen gerade Ereignisse, gegen die ich mich besonders sträube, die aufschlussreichsten sein, wenn ich dem Sinn meines Lebens auf die Spur kommen möchte?

Weil sie die wichtigsten Herausforderungen für mich darstellen, mich selbst zu überwinden und über mich selbst hinauszuwachsen! In schwierigen Augenblicken sind wir aufgefordert, unser Bestes zu geben, unsere besten Kräfte einzusetzen. Umgekehrt sehen die Lebensabschnitte, die uns am leichtesten fallen, wie Ruhepausen aus, die uns für die nächsten Herausforderungen rüsten sollen.

Die Abneigung, die wir angesichts schwieriger Situationen empfinden, ist eine spontane, eine natürliche Reaktion auf die Herausforderung zur Überwindung unserer naturgegebenen Trägheit. Doch gerade Faulheit und Trägheit finden ihre Existenzberechtigung darin, dass wir ohne sie ja keine Hindernisse zu überwinden hätten. Und wäre ein Leben ohne Hindernisse nicht öde und langweilig? Würde da nicht zu wenig aus uns werden können?

Vielleicht ist diese Art der Betrachtung von schwierigen, schmerzhaften Ereignissen im Leben für viele ungewohnt. Diese Sichtweise fällt einem auch nicht spontan zu – gerade deshalb ist es uns möglich, sie uns ganz freiwillig anzueignen. Gerade deshalb lohnt es sich, das Leben einmal auch mit dieser Blickrichtung unter die Lupe zu nehmen.

Wenn der Mensch den göttlichen Künstler in sich immer besser kennenlernen will, kann er auf seine Art und Weise das folgende Experiment machen: Er kann versuchen, die Ereignisse seiner Biografie, die er bisher für negativ hielt, als durchweg positiv zu betrachten; er kann sich vorstellen, dass gerade sie es waren, die ihn am meisten weitergebracht haben. Das wird ihm die Möglichkeit geben, sein Leben einmal «von der anderen Seite aus» zu betrachten.

Wenn man dabei sorgfältig und gründlich genug zu Werke geht, wenn man ganz ehrlich mit sich selbst ist, wird das Gesamtbild des eigenen Lebens immer klarer, der Nebel hebt sich, und man versteht langsam, was mit einem geschehen ist und vor allem warum. Man gewöhnt sich daran, die Dinge aus einem ganz anderen Blickwinkel zu sehen.

Eine weitere Frage, die wir uns stellen können, lautet: Wie kann ich erkennen, welche Fortschritte in meinem Leben ich genau welchem Ereignis verdanke? Wie kann ich wissen, ob ein anscheinend negatives Ereignis – eine unangenehme Begegnung, ein Streit mit einem Freund, eine schwere Krankheit oder ein tragischer Unfall – die entscheidende Ursache dafür war, dass ich zu einem späteren Zeitpunkt einen Entwicklungsschritt in die richtige Richtung machen konnte?

Diesen Zusammenhängen kann ich dadurch immer besser auf die Spur kommen, dass ich mich möglichst genau zu erinnern versuche, wie ich ein bestimmtes Ereignis durchlebt habe und wann genau es in meinem Leben stattgefunden hat. Wenn ich gründlich genug vorgehe, werde ich feststellen, dass ich das betreffende Hindernis oder die schwierige Phase nur überwinden konnte, weil ich bestimmte innere Kräfte in mir wachgerufen habe – Kräfte, die ich ohne diese Herausforderung niemals mobilisiert hätte. Und ich werde auch erkennen können, in welchen Situationen später dieselben Kräfte für eine positive Entwicklung maßgebend wurden. Ich werde die komplexe Verkettung von Ursache und Wirkung in meiner Biografie mit immer größerer Bestimmtheit erkennen können.

Durch diese Betrachtungsweise kommt der Mensch nicht nur in einen immer tieferen Einklang mit seinem geistigen Ich, sondern er erkennt auch die Umrisse seines Lebensbildes immer deutlicher. Er beginnt zu ahnen, welches wunderbare Gemälde durch seine Biografie im Entstehen begriffen ist: sein eigenes Bildnis, auf dem er am Ende schöner aussehen wird, als er es sich jemals zu träumen gewagt hätte!

Wenn Biografiearbeit zu einer Versenkung in den göttlichen Künstler wird, der unser Leben und Wesen gestaltet, werden wir auch Lust bekommen, mit diesem Künstler immer enger zusammenzuarbeiten. Wir werden unser Bestes geben, damit unser Bildnis so vollkommen wie möglich wird. Den Anfang dieser «Zusammenarbeit» machen wir, wenn wir uns mit allem, was uns «widerfährt», mit allen Pinselstrichen, die unser geistiges Ich an unserem Bildnis anbringt, und die uns sonst gegen den «Strich» gehen würden, voll einverstanden erklären. Dann wird es nicht mehr lange dauern, bis wir alles, was zu unserer Biografie gehört, zu lieben beginnen. Allmählich gewinnen wir die Überzeugung, dass wir nur dadurch unser Bestes erreichen können, dass wir das Beste aus all dem machen, was das Leben uns bringt. Nur derjenige hat das Beste vom Leben, der aus jeder Lebenslage das Beste machen kann.

Sich immer mehr mit seinem geistigen Ich in Einklang bringen heißt, allen Herausforderungen des Lebens mit Freude, Liebe und Dankbarkeit begegnen. Die Vereinigung, die geistige «Kommunion» mit meinem besseren Ich, erlebe ich in der Dankbarkeit für jedes Ereignis, das es mir entgegenbringt.

Das eingehende Studium des bereits hinter mir liegenden Teils meines Lebensweges ist auch die beste Art und Weise, um mein Verhältnis zur Welt immer besser zu erkennen. Die Welt, in der ich lebe, schenkt mir die Zuverlässigkeit der Naturgesetze, die ewige Wiederkehr der Lebenszyklen, in die ich eingebunden bin, sie erhält mich beständig am Leben. Diese Welt will in ihrer objektiven Wirklichkeit von mir immer tiefer erkannt und anerkannt werden. Sie bietet sich meinem Streben nach *Wissenschaft* an.

Die Wirklichkeit meines Ich hingegen ist in stetiger Entwicklung begriffen. Sie ist nichts in sich Abgeschlossenes, nichts, das es lediglich in seiner vorgegebenen Objektivität zu erforschen gilt, sondern vielmehr etwas, das immer noch dabei ist, sich zu entfalten. Die Welt ist in meiner Biografie das Gewordene, mein Ich das unentwegt Werdende. Meine Biografie ist das Selbstbildnis, an dem mein geistiges Ich immerzu arbeitet. Nicht mit Wissenschaft komme ich hier zurecht, sondern allein mit *Kunst.* Das gute Leben ist die Kunst, in der Nachahmung des genialsten Lebenskünstlers, des eigenen geistigen Ich, das Leben mehr und mehr zu einem einzigen Kunstwerk zu gestalten.

Die herkömmliche *Religion* spricht immer noch von «Gott», aber dieser Begriff hat in den letzten Jahrhunderten viel von seinem real-geistigen Inhalt verloren. Dieser Verlust der Wirklichkeit des Göttlichen hat jedoch insofern auch etwas Ermutigendes, als er dem einzelnen Menschen die Möglichkeit verschafft, sich die Wirklichkeit des Geistes auf der Grundlage seines freien Strebens zurückzuerobern. Das erste wirklich geistige Wesen, das dem Menschen auf dem Wege der Versenkung in das Kunstwerk seiner Biografie zugänglich wird, ist sein eigenes Ich als individuell denkendes und schaffendes Wesen. Dieses geistige Ich ist, wenn auch auf der untersten, bescheidensten Stufe des Göttlichen, doch selbst ein durch und durch göttliches Wesen.

Wenn der Mensch seine Biografie mit wissenschaftlichem Anspruch erforscht, wenn er das Kunstwerk des göttlichen Künstlers, das in ihm wohnt, mit Andacht betrachtet, wird er auch die Religion auf eine zeitgemäße Stufe erheben können.

Wenn jeder Mensch den göttlichen Künstler in jedem anderen Menschen wird verehren können, wird auch die Religion aus ihrem «Sündenfall» erlöst, jenem Sündenfall des menschlichen Bewusstseins, der darin besteht, die Wirklichkeit des Geistes, des göttlichen Künstlers in uns, viel zu lange verkannt zu haben. Einen Gott außerhalb des Menschengeistes gibt es nicht – wohlgemerkt: des Menschen*geistes,* nicht des Menschen, insoweit dieser vom Materialismus als «in einem Kasten» eingeschlossen verstanden wird! –, es hat ihn niemals gegeben und es wird ihn niemals geben können. Der überfällige Tod eines bloß ausgedachten Gottes wartet darauf, in die Auferstehung des gottdurchdrungenen Menschen verwandelt zu werden – in der Bewusstwerdung jenes göttlichen Künstlers in jedem Menschen, der das staunenswerteste aller Kunstwerke erschafft, das Kunstwerk Biografie.